ATHENAÏS,

TRAGEDIE.

A PARIS,

Chez PIERRE RIBOU, proche les
Augustins, à la descente du Pont-neuf,
à l'Image S. Loüis.

―――――――――――

M. DCC.
AVEC PRIVILEGE DU ROY.

PREFACE.

LA fortune d'Athenaïs, par le moyen de Pulcherie, est une chose que personne n'ignore; j'avouë que ce n'est pas un sujet où l'on puisse trouver ce terrible & ce merveilleux que l'on a trouvé dans mes deux autres Pieces; mais je crus qu'il seroit plus du goût d'apresent, & sur tout des Dames qui se sont érigées en Juges de ces sortes d'Ouvrages, & qui preferent la délicatesse des sentimens à l'horreur des évenemens extraordinaires; Au reste il faut de la diversité dans les sujets pour ne pas tomber dans l'inconve-

PREFACE.

La fortune d'Athenaïs, par le moyen de Pulcherie, est une chose que personne n'ignore; j'avouë que ce n'est pas un sujet où l'on puisse trouver ce terrible & ce merveilleux que l'on a trouvé dans mes deux autres Pieces; mais je crus qu'il seroit plus du goût d'apresent, & sur tout des Dames qui se sont érigées en Juges de ces sortes d'Ouvrages, & qui preferent la délicatesse des sentimens à l'horreur des évenemens extraordinaires; Au reste il faut de la diversité dans les sujets pour ne pas tomber dans l'inconve-

PREFACE.

nient de ce Joüeur de Luth dont parle Horace :

Ridetur cordaqui semper oberrat eadem.

Je puis dire que c'est icy celuy de mes Ouvrages, à la versification duquel je me suis le plus attaché, & que ceux qui se donneront la peine de l'examiner sans prévention, la trouveront assez égale. On voit peu de Tragedies où l'Histoire soit plus regulierement suivie que dans celle-cy, & si j'y fais paroître Theodose avec un peu plus de fermeté qu'il n'en avoit naturellement ; on y voit aussi d'un autre côté son esprit susceptible d'amour & de jalousie, dont il fut si souvent agité durant tout le cours de sa vie, & qui causa depuis la disgrace d'Athenaïs, & la mort de Paulin, que l'Empereur fit legerement mourir pour une

PREFACE.

pomme qu'elle luy avoit envoyée.

Voicy ce qu'en rapportent les Historiens de ce temps-là, & entr'autres Theophanes & Marcellin, suivant l'ancienne traduction.

En ces entrefaites, & un an avant cette victoire (c'est-à-dire des Romains sur les Perses) Theodose devint amoureux d'Eudoxia Fille de Leontius, *ou Leontinus*, Philosophe Athenien, & l'épousa tant pour l'excellence de sa beauté, que pour la gentillesse de son esprit orné des lettres humaines, & des sciences. Elle avoit eu nom Athenaïs, lequel elle changea à son baptême, où elle fut nommée Eudoxia, par Atticus Patriarche de Constantinople. Entre-autres Pieces elle composa un excellent Poëme sur cette victoire de l'Empereur contre les Perses.

Zonare écrit que ce mariage fut

PREFACE.

pour regler le sort de mes Ouvrages. Il suffit que tout Paris ait donné à cette Piece des applaudissemens sinceres, & dont je fais beaucoup plus de cas que des leurs.

Livres Imprimez chez Pierre Ribou, sur le Quay des Augustins, à l'Image S. Loüis, avec le prix, reliez en veau.

LA Comtesse de Château-Briant, ou les effets de la Jalousie, 1. liv. 10. s.
Nouveau Recueil des plus beaux Secrets de Médecine, 2. vol. 2. l. 5. s.
Histoire universelle de Justin, Traduction nouvelle, avec d'excellentes remarques, par Mrs de Port Royal, 2. vol. 3. l. 12. s.
L'Esprit de l'Ecriture Sainte, avec des Reflexions, par Monsieur des Coutures. 2. vol. 3. l.
La Morale d'Epicure, avec des Reflexions, par Monsieur des Coutures, 2. l.
Le Cuisinier François augmenté, 1. l. 5. s.
Le nouveau & parfait Confiturier, 1. l. 5. s.
La nouvelle & parfaite Grammaire Françoise, par Chiflet, augmenté, 1. l. 5. s.
La nouvelle & parfaite Grammaire Allemande & Françoise, par Monsieur Perger, 1. l. 5. s.
Histoire secrette des plus fameuses conspirations, conjurations des Pazzi contre les Medicis; par Mr le Noble 1. l. 16. s.
Le Voyage de la Reine d'Espagne, 1. l. 10. s.

Le Bâtar de Navarre, 1. liv.
Autheurs de Theatre.
Les Oeuvres de Mr Dancourt, 5. vol. 10. l.
Les Ouvres de Mr de Capiſtron, 1. vol. 4. l.
Les Oeuvres de Mr Pradon, 1. vol. 3. l.
Les Oeuvres de Mr de Palaprat, 1. vol. 3. l.
Les Oeuvres de Mr Poiſſon, 2. vol. 3. l.
Les Oeuvres de Mr Chammellé, 1. vol. 2. liv.
Les Oeuvres de Mr de la Thuillerie, 1. vol. 2. l.
Les Oeuvres de Mr de Haute-Roche, 1. vol. 3. l.
Les Oeuvres de Mr Renard, 2. liv.
Les Oeuvres de Mr de la Foſſe, 2. l. 10. ſ.
Les Oeuvres de Mr Baron, 1. l. 10. ſ.
Les Oeuvres de Mr de Lagrange, 1. vol. 2. l. 10. ſ.
Gabinie, Tragedie Chrêtienne, 1. l.

L'on y vend auſſi toutes les Tragedies, & Comedies de divers Autheurs imprimées ſeparément, & autres Livres nouveaux.

EXTRAIT DU PRIVILEGE du Roy.

PAr Grace & Privilege du Roy, donné à Versailles le douziéme Fevrier 1699. Signé, Par le Roy en son Conseil, LE FEVRE. Il est permis à PIERRE RIBOU Marchand Libraire à Paris, de faire imprimer *le Recueil des Tragedies du Sieur de La Grange*, pendant le temps de huit années, à compter du jour que chaque Tragedie sera achevée d'imprimer pour la-premiere fois ; Pendant lequel temps faisons tres-expresses défenses à toutes personnes de quelque qualité & condition qu'elles soient, de faire imprimer, vendre ny debiter d'autre Edition que de celle de l'Exposant, ou de ceux qui auront droit de luy, à peine de quinze cens livres d'amende, payables sans deport par chacun des contrevenans, & de tous dépens, dommages & interests, & autres peines portées plus au long par lesdites Lettres de Privilege.

Regiſtré ſur le Livre de la Communauté des Imprimeurs & Marchands Libraires de Paris le 26. Fevrier 1699.

Signé C. BALLARD, *Syndic.*

"Achevé d'imprimer pour la premiere fois le 2. Janvier 1700.

ACTEURS.

THEODOSE. Empereur d'Orient.

VARANE'S. Prince de Perse.

PULCHERIE, Sœur de Theodose.

ATHENAIS, destinée à l'Empire sous le nom d'EUDOXE.

LEONTIN. Citoyen d'Athenes, pere d'Athenaïs.

PAULIN, Favory de l'Empereur.

MITRANE, Seigneur Persan, de la suite de Varanés.

RHODOPE, Gouvernante d'Athenaïs.

CAMILLE,
FLAVIE } de la suite de Pulcherie.

SATURNIN, Domestique de Theodose.

SUITTE.

La Scene est à Constantinople, autrement dit Bisance, dans le Palais Imperial.

ATHENAIS,

ATHENAÏS,
TRAGEDIE.

ACTE I.
SCENE PREMIERE.
LEONTIN, PAULIN.
LEONTIN.

OU y bien-tost, cher Paulin, dans ces superbes lieux,
L'Ambassadeur Persan va paroistre à nos yeux,
La moitié de sa suite annonçant sa venuë,
Dans Bisance, à grands flots s'est déja répanduë,
Et paroist par son nombre autant que sa splendeur,
Plus digne d'un grand Roy, que d'un Ambassadeur.

A

ATHENAIS,

L'Empereur aujourd'huy voit la feste éclattante,
Où l'hymen se prépare à remplir son attente,
Et de tout l'Univers attirant les regards,
Ma Fille va monter au Trône des Cesars.
J'attendois ce moment avec impatience.
Non pour estre plus prés de la toute-puissance.
Ny pour voir l'Empereur me charger d'un employ,
Dont sa sœur Pulcherie est plus digne que moy.
Mais pour joüir, amy, de la douceur extréme,
De voir fixer le sort d'une Fille que j'aime,
Et loin de cette Cour précipitant mes pas,
Eviter des grandeurs qui ne me touchent pas.

PAULIN.

Quoy, lorsque par un sort que tout le monde admire,
Vous seul pouvez prétendre à gouverner l'Empire :
Qu'au moindre évenement nous voyons tous les jours,
Qu'à vos seules clartez Pulcherie a recours ;
Et que dans vos raisons à l'Etat necessaires,
Elle puise souvent des conseils salutaires ;
Pourquoy vous dérober à vostre heureux destin ?
Pourquoy nous fuïr, Seigneur ?

LEONTIN.

Nomme moy Leontin :
Laisse ces vains respects pour quelque ame vulgaire;
Chery de Theodose, & presques son beau-pere,
Je ne m'éblouïs point voyant ce que je puis.
Mon cœur n'est point changé par le rang où je suis.
Et qui de la vertu suivit toûjours les traces,
Voit les prosperitez ainsi que les disgraces.
Le sort par ses faveurs veut en vain m'éprouver.
Comme il ne peut m'abattre, il ne peut m'élever.

TRAGEDIE.

Pour ma Fille, il est vray, j'ay souhaité l'Empire,
Mais prest à l'y placer je sens que je soûpire.
Je prévoy des malheurs qui pouront l'accabler.
Et si je le pouvois, je voudrois reculer.

PAULIN.

Quel discours !

LEONTIN.

Par mes soins, & mon experience,
Jusques dans l'avenir j'ay porté ma science.
J'ay cherché des secrets dans son obscurité,
Qui sembloient reservez à la divinité.
C'est là que consultant le sort de ma famille,
Au faiste des grandeurs je vis monter ma Fille.
Mais depuis quelques jours, Ciel ! quelle est ma terreur ?
Je n'y voy qu'un amas d'épouvante & d'horreur ;
Et lorsque m'attachant sur ces objets funebres,
Je cherche quelque jour à travers ces tenebres.
De mille maux confus l'affreux enchaînement
Me replonge aussi-tost dans mon aveuglement.

PAULIN.

Hé pourquoy vous former ce funeste presage ?
L'on ne voit l'avenir qu'au travers d'un nüage,
Nul n'en est assuré.

LEONTIN.

Dans ce que je prévois,
Puissay-je me tromper pour la premiere fois !
De ma fortune, Amy, je ne te veux rien taire,
Je veux te découvrir les foiblesses d'un pere ;
Moy, qui passant ma vie à l'abry des grandeurs,
Voyois sans m'éblouïr leurs charmes seducteurs.
Quand je crûs voir ma Fille avec un Diadême,
Je n'y pus resister pour une autre moy-même :
Et je crus que le Ciel luy devoit un destin
Plus propre à ses vertus qu'au sang de Leontin.

A ij

ATHENAIDE.

Déja sur cet espoir remply de confiance,
Prés d'Athenes mes soins élevoient son enfance,
Où content de mon sort, dans un heureux sejour,
Eloigné du tumulte, & des yeux de la Cour.
Peut-estre qu'aux douceurs d'une vie innocente,
J'aurois sacrifié sa fortune apparente;
Lorsqu'au terme fatal prescrit par les destins,
Varanés m'obligea de suivre mes desseins.

PAULIN.

Quoy le fils d'un grand Roy que la Perse revere,
D'un Roy que l'Empereur regarde comme un pere :
Quel charme sur vos bords avoit pû l'attirer ?

LEONTIN.

Ce fut pour des raisons que tu peux ignorer.
Peut-estre on t'a parlé de ce Prince indomptable,
Que mille qualitez rendroient recommandable,
Si la seule vertu reglant ses actions,
Il sçavoit mieux dompter ses fieres passions :
Et si, né pour monter à la grandeur suprême,
Avant que de regner, il regnoit sur luy-même.
Mais qui ne connoît point ce jeune ambitieux ?
Trop vain, pour un grand cœur, du rang de ses ayeux,
Qui veut que tout luy cede; & qui par son audace
Surpasse encor, dit-on, tous les Rois de sa race.
Aprés avoir soumis le Parthe revolté,
Isdigerde craignant pour son authorité,
Dans un éclat pompeux l'envoya dans la Grece,
De son esprit sauvage adoucir la rudesse.
Athenes le receut en fils d'un si grand Roy.
J'estois en quelque estime. On luy parla de moy.
Il vint dans mon sejour, où du reste du monde
Je vivois séparé dans une paix profonde.
Il me vit, ou plûtost il vit Athenaïs.
Ses yeux de son éclat parurent éblouïs.

TRAGEDIE.

Il brûla. Son orgueil l'empêcha de se taire.
Et moy (tu vas rougir des foiblesses d'un pere)
Je vis avec plaisir ce cœur audacieux,
Faire un premier essay du pouvoir de ses yeux.
Mais comme je connus que ce Prince farouche
Ne l'auroit point admise à l'honneur de sa couche,
Que d'un flatteur appas le dangereux poison,
Pouvoit d'un jeune cœur seduire la raison ;
Et que dans ce peril sa pudeur embarquée,
Par mes soins vigilans fut bien-tost remarquée.
Je voulus, dans sa source, avant qu'il fut plus grand,
Par une prompte fuite arrester ce torrent.
Je m'arrache en secret du sein de ma famille.
J'arrive dans ces murs où je conduis ma fille.
L'illustre Pulcherie estimant la vertu,
Se plaist à relever nostre sort abatu :
Avec étonnement en parle à Theodose :
Il la voit : il l'admire : & l'hymen se propose.
Tu sçais comme changeant de Culte & de Païs,
On l'a nommée Eudoxe, au lieu d'Athenaïs :
Qu'au Monarque Persan, par un avis fidelle,
Cesar a fait sçavoir cette grande nouvelle :
Et que l'Ambassadeur qu'on attend en ce jour,
Va luy porter l'aveu qu'attendoit son amour.

PAULIN.

Hé bien ! dans ce recit que trouvez-vous à crain-
    dre ?
Qui sera donc heureux si vous estes à plaindre ?
L'hymen de vostre Fille est prest à s'achever.
L'Ambassadeur Persan va bien-tost arriver.
Si le jeune Empereur attendoit sa presence,
Vous sçavez les raisons de cette defferance :
Et que malgré ses feux, & son empressement,
Son devoir l'obligeoit à ce retardement.

Car enfin, en mourant Arcadius son pere,
Craignant des Favoris l'insolence ordinaire,
Et voyant sous son regne à quel excés d'horreur
Stilicon & Ruffin porterent leur fureur,
par un choix dont peut-estre on ignore la cause,
Fit le Persan Tuteur du jeune Theodose :
Songeant à guarantir l'enfance de son fils,
Plûtost de ses sujets que de ses ennemis.
L'attente par l'effet ne s'est point démentie,
Et graces à ses soins, & ceux de Pulcherie,
L'Empire est comme au temps de nos premiers Ce-
  sars.
Ses voisins étonnez tremblent de toutes parts.
Tandis que des Romains les Villes saccagées,
Par cent Peuples divers se trouvent ravagées ;
Et que Rome elle-même éprouvant leur fureur,
N'est sous Honorius qu'un theatre d'horreur.

LEONTIN.

Ainsi les plus grands biens sont mélez de traverses :
Et le sort des mortels a des faces diverses :
Ainsi ses cruautez se font mieux éprouver
A ceux que son caprice a pris soin d'élever.
Ma fille est aujourd'huy sur le Trône montée :
Mais elle peut demain s'en voir précipitée :
Et sa cheute, des Grands ordinaire revers,
Peut comme sa fortune étonner l'Univers.
Contre de tels assauts, contre un pareil orage,
Je veux par mes conseils affermir son courage :
Et qu'au moins si son cœur en demeure abatu,
On en blâme le sort & non pas sa vertu.
  Depuis qu'à l'Empereur sa main est destinée,
D'une foule si grande elle est environnée,
Que jusqu'à ce moment ne pouvant l'aborder,
Dans ces lieux écartez je viens de la mander :

TRAGEDIE.

Où se débarrassant d'une importune suite,
De tout ce que je pense elle doit estre instruite.
Mes vœux sont exaucez. On ouvre. Je la voy.
Pour ne la point gêner, Paulin, retire-toy.

SCENE II.

LEONTIN, EUDOXE, RHODOPE.

LEONTIN.

Ma Fille, approchez-vous. Sur tout ce qui vous touche,
Il est temps que mon cœur s'explique par ma bouche,
Et qu'avant que chacun fléchisse sous vos loix,
Il s'ouvre encor à vous pour la derniere fois.
Au milieu des grandeurs que le Ciel vous envoye,
Ce cœur, autant qu'il peut, s'abandonne à la joye.
Quand je voy le moment qui vous comblant d'honneurs,
Doit allier mon sang, au sang des Empereurs,
Et répandre sur vous la gloire sans seconde,
D'élever vostre sort au premier rang du monde.
Mais aussi, quelle crainte agite mes esprits !
Quand je voy ces honneurs de tant de maux suivis,
Qu'il vous faudra garder avec un soin extrême,
De toute vostre Cour, & sur tout de vous-même ;
Et qu'enfin vostre cœur, sur le Trône monté,
N'a jamais eu besoin de tant de fermeté.

ATHENAIS,
EUDOXE.
Pourquoy donc sur l'espoir d'une illustre hymenée,
Dans ces funestes lieux m'avez-vous amenée ?
Mon Pere à ces perils devoit-il m'exposer ?
LEONTIN.
Aux celestes decrets nul ne peut s'opposer;
Et vous aviez, ma Fille, une vertu trop pure
Pour vous laisser languir dans une vie obscure.
Enfin si le passé ne se peut reparer,
C'est contre l'avenir qu'il faut vous preparer :
De l'état de la Cour j'ay pris soin de m'instruire,
Pour vous montrer comment il faut vous y conduire,
Et comment dés l'abord vous vous démêlerez,
Des divers interests que vous y trouverez.
 L'Empereur est aimable : il est jeune : il vous aime :
Il partage avec vous sa puissance suprême.
Mais ce même Empereur peut ailleurs s'engager.
Le cœur d'un jeune Prince est facile à changer.
Sur tout quand par le temps son ardeur amortie,
Dans la possession se trouve rallantie,
Il ne cherche qu'à rompre un funeste lien,
Et souvent qui peut tout ne se refuse rien.
Rendez-luy tous les soins d'une Epouse fidelle.
Quand même il brûleroit d'une flâme nouvelle,
Ne luy témoignez point de sentimens jaloux :
Pour ne luy point fournir des armes contre vous.
EUDOXE.
Hé surquoy jugez-vous, mon pere, que mon ame...
LEONTIN.
Vous m'entendez : songez à meriter sa flame,
Que de l'ardeur de luy plaire est vostre unique bien,
Et que tout vostre cœur n'est pas trop pour le sien.
 Vos égards aprés luy sont dûs à Pulcherie.
Elle a tout fait pour vous : & quoy que l'on vous die,

TRAGEDIE.

Qu'en vous faisant passer le Sceptre dans les mains,
Sa seule politique a conduit ses desseins.
Contente que Cesar vous cherisse en épouse,
Jamais de son pouvoir ne vous montrez jalouse.
Le sang de Théodose est né pour commander.
C'est au mien d'obeïr : c'est à vous de ceder :
Et de ne point porter vos regards temeraires
Dans des secrets trop grands pour vos foibles lumieres.
 Ce n'est pas tout encor. D'autres perils cachés
Au souverain pouvoir se trouvent attachés.
Vous allez estre en butte aux fureurs de l'envie :
Tremblez pour vostre honneur : tremblez pour vostre
 vie.
Ceux qu'on croira le plus dans tous vos interests,
Vous tendront chaque jour mille pieges secrets.
Vous verrez les honneurs, vous verrez les delices
Vous cacher mille écueils & mille precipices.
C'est là qu'un front ouvert, un visage serain
Renferme au fond de l'ame un funeste venin.
Sous le nom d'amitié la vengeance est couverte.
Tel vous flate & vous rit qui trame vostre perte,
Et tel dans la faveur vous vient importuner,
Qui n'attend qu'un revers pour vous abandonner.
Peut-estre je me trompe ; & mon amour de pere
S'allarme d'un peril qui n'est qu'imaginaire :
Mais dans le Trône un jour, s'il vous faut sucomber,
Faites rougir le sort qui vous fera tomber ;
Soit qu'il montre à vos yeux le calme, ou la tem-
 peste,
A tous ses changemens tenez-vous toujours preste,
Ne luy presentez point un courage abatu,
Et lassez sa malice à force de vertu.
Sur tout dans les grandeurs où vous allez paroistre,
N'oubliez point l'état où le Ciel vous fit naistre.

ATHENAIS,

La fortune est à craindre où regne trop d'orgueil.
L'on trouve le naufrage auprés de cet écueil,
Portez incessament Cesar à la clemence :
Toujours des malheureux embrassez la défense.
Appliquez l'un & l'autre au bien de vos sujets,
Faites fleurir par tout la justice & la paix ;
Et par mille vertus l'une à l'autre enchaînées,
Remplissez le devoir des Testes couronnées.
 Voila ce que mon cœur pressé de son devoir,
Brûloit depuis long-temps de vous faire sçavoir,
Prest à vous voir monter à la grandeur supréme,
C'est le dernier avis d'un pere qui vous aime.
D'une nombreuse Cour suivie à tous momens,
Je ne joüiray plus de vos embrassemens.
Quelque amitié pour moy que puisse estre la vostre,
Je seray dans la foule inconnu comme un autre :
Et ce nom paternel qui me sembloit si doux,
Ne m'empeschera pas de fléchir devant vous.

EUDOXE.

Ah ! jamais vos bontez presentes & passées ;
Mon pere, de mon cœur, ne seront effacées ;
Je sçauray sur le Trône obeïr à vos loix,
Et tâcher d'y répondre à ce que je vous dois.

LEONTIN.

Non, non, à ces devoirs je ne dois plus pretendre :
Et je sçay les respects que je vous devray rendre.
Adieu, de mes avis tâchez de profiter :
Sans un trouble secret je ne puis vous quitter.
Souffrez, ma chere Eudoxe, avant que je vous laisse,
Que mon cœur, par ces pleurs, vous marque sa ten-
  dresse.
Que parmy les sanglots qui me coûpent la voix,
Je vous tende les bras pour la derniere fois.
Adieu, ma fille.

TRAGEDIE.

SCENE III.

EUDOXE, RHODOPE.

RHODOPE.

IL faut le confesser vous-mesme,
Aucun pere jamais n'aima comme il vous aime.
Son cœur est tout à vous; & jusques aujourd'huy...

EUDOXE.

Il m'aime, & mes malheurs ne viennent que de luy.

RHODOPE.

De luy?

EUDOXE.

C'est par l'espoir dont il m'avoit flattée,
Que dans tous ces dangers il m'a precipitée.
Combien m'assuroit-il que les decrets des Cieux,
Me promettoient un sort si grand, si glorieux,
Qu'il n'estoit point de rang, ou malgré ma naissance,
Je ne pusse à mon gré porter mon esperance!
On croit facilement tout ce qui peut flatter.
Déja par cet espoir je me laissois tenter,
Quand le fier Varanés arriva dans Athenes.
Son abord confirma mes esperances vaines:
Et voyant la splendeur du Trône de Cyrus,
Je crûs tout autre rang digne de mes refus.
Que d'un autre aisément on juge par soy-mesme!
Je crûs voir dans ce Prince une tendresse extréme:
Et dans le temps fatal qu'il feignoit de m'aimer,
Mon cœur innocemment se laissoit enflamer.

ATHENAIS,

O que ma vanité fut bien-tost renversée!
Que ma credule ardeur fut mal recompensée!
Quand je vis que formant de criminels desirs,
Aux dépens de ma gloire il cherchoit ses plaisirs.
Qu'au lieu d'un chaste hymen, avoüé par mon pere,
Il n'offroit à mes vœux qu'un amour temeraire:
Et que pour écouter un trop juste devoir,
Il falloit pour jamais renoncer à le voir.

RHODOPE.

Ainsi par un effet de la bonté Divine,
L'on tire son bon-heur d'où l'on craint sa ruïne.
Vous devez rendre grace à ces heureux mépris,
Dont l'Empire, Madame, est aujourd'huy le prix:
Et couvrant ce secret d'un eternel silence,
De Cesar, & de luy faire la difference.
Songez qu'un Empereur, un maistre des humains,
N'a jamais eu pour vous que de chastes desseins:
Et que l'autre écoutant une ardeur criminelle,
Ne vous doit inspirer qu'une haine eternelle.

EUDOXE.

Ouy: je le sçay, Rhodope; & je vous ay fait voir
Si l'amour dans mon cœur balança le devoir,
Lorsque pour éviter son indigne poursuite,
De mon pere avec vous j'accompagnay la fuite.
Je ne le cele point: mon cœur préoccupé
A quelque vain soûpir s'est peut-estre échapé.
Mais bien-tost, grace au Ciel, la raison qui m'éclaire
A repris sur mes sens son empire ordinaire.
N'en doutez point: Je vais porter à l'Empereur
Un cœur tout dégagé de sa premiere erreur.
Ce n'est point à son rang que je suis attachée;
C'est de luy seulement que je me sens touchée.
Plus je voy qu'il s'abaisse en soûpirant pour moy,
Plus mon ame est sensible à ce que je luy doy.

TRAGEDIE.

Et toy qui te flatant d'une indigne victoire,
N'avois que pour objet la perte de ma gloire;
Je crois que dans ton cœur de meilleurs sentimens
Repareront un jour ces honteux mouvemens.
Je me flate du moins qu'au fond de tes Provinces,
Tu sçauras par la voix des peuples & des Princes,
Qu'un cœur né pour remplir le trône des Cesars,
Pouvoit bien jusqu'au tien élever ses regards.

SCENE IV.

EUDOXE, CAMILLE, RHODOPE.

CAMILLE.

Madame, pardonnez si j'ose vous distraire.
J'ay crû trouver icy Leontin vostre Pere.
La Princesse l'attend.

EUDOXE.

Camille, quel dessein
Oblige la Princesse à mander Leontin ?

CAMILLE.

L'on vient de l'avertir qu'avec magnificence,
L'Ambassadeur de Perse est entré dans Bizance :
Et que par un dessein que l'on ne connoist pas,
Le Prince Varanés accompagne ses pas.

EUDOXE.

Le Prince Varanés !

CAMILLE.

Ouy, Varanés luy-mesme,
Qui du grand Isdigerde attend le Diadême;

B

Et qui dans un état digne de sa grandeur,
Auroit dû se montrer aux yeux de l'Empereur.
EUDOXE.
O Ciel !
CAMILLE.
De cet abord la Princesse s'étonne.
Même à d'autres soupçons son ame s'abandonne.
Pour en approfondir le mystere incertain,
Elle veut sans témoins consulter Leontin.
Souffrez que je le cherche ; & que sans plus attendre,
Je coure où mon devoir m'oblige de me rendre.

SCENE V.
EUDOXE, RHODOPE.
EUDOXE.
Qu'entends-je ! Varanés va paroistre à mes yeux !
Rhodope, quel dessein le conduit en ces lieux ?
Formidable, & cedant au couroux qui l'inspire,
Viendroit-il mettre obstacle au bonheur où j'aspire ?
Rien n'est si dangereux qu'un Amant irrité.
Je connois son audace & sa temerité.
Sa flâme en me voyant ne poura se contraindre.
L'Empereur soupçonneux aura lieu de se plaindre :
Ils sont tous deux Rivaux, ils seront ennemis.
Et de tous ces honneurs que je m'étois promis,
Il ne me restera que la douleur mortelle,
D'allumer le flambeau d'une guerre cruelle.
  Vains desirs des grandeurs ! mouvemens déreglez,
Qui coûtez tant de soins aux mortels aveuglez ;

TRAGEDIE.

Quand on croit posseder vostre inconstante pompe,
C'est ainsi qu'un moment l'enleve, & nous détrompe.
 Mais peut-estre trop loin portay-je mon effroy?
Peut-estre Varanés ne pense plus à moy?
Et tandis qu'à ce mal je cherche un vain remede,
Il verra sans regret qu'un autre me possede.
 Ah! voyons Pulcherie, allons de ses soupçons
Apprendre, s'il se peut, les secrettes raisons.
Ne perdons point de temps. Courons vîte à mon pere,
Demander dans ce trouble un conseil salutaire.
Et toy qui vois ma crainte, ô Ciel! pour m'exaucer
Inspire-moy les vœux que je dois t'adresser.

Fin du premier Acte.

ATHENAIS,

ACTE II.
SCENE PREMIERE.

LEONTIN seul.

VARANE's en ces lieux! que je crains sa
venuë.
Que pour ma Fille, ô Ciel! j'apprehende
sa veuë?
Puisse le nom d'Eudoxe, abusant ses esprits,
Luy cacher un moment le sort d'Athenaïs!
Puisse-t'il ne la voir qu'élevée à l'Empire!
Mais que veut Pulcherie, & qu'a-t'elle à me dire?
Elle vient.

TRAGEDIE.

SCENE II.

PULCHERIE, LEONTIN, CAMILLE, FLAVIE.

PULCHERIE.

à Leontin.   *à sa suite.*

LEontin, prenez place. Sortez.

LEONTIN.

Ah Madame !

PULCHERIE.

      Prenez, vous dis-je, & m'écoûtez.
Vostre Fille aujourd'huy sur le Trône placée,
Va voir toute la terre à ses pieds abaissée.
Je ne vous cele point qu'à ce coup du hazard,
Mes propres interests n'ayent eu beaucoup de part.
Et vostre esprit plus fort que celuy du vulgaire,
N'attend pas mon aveu pour percer ce mystere.
Elevée en naissant dans ce rang glorieux,
Moy ! qui depuis Trajan ay suivy mes ayeux,
Et qui par les bontez de l'Empereur mon frere,
De son vaste pouvoir me vois dépositaire.
J'ay donné tous mes soins au bien de ses Etats.
J'en ay sçû détourner la guerre, les combats :
Et quand cette incendie embrasoit tout le monde,
Je les ay maintenus dans une paix profonde.
LUnivers attentif à mon gouvernement,
En a vû le succés avec étonnement.

B iij

Mais quoyque sur mes soins l'Empire se repose,
Il luy faut des Cesars du sang de Theodose.
J'ay long-temps, mais en vain, cherché de toutes
  parts,
De l'Aurore au couchant j'ay porté mes regards,
Pour trouver un objet qui content d'un grand titre
Du pouvoir effectif pût me laisser l'arbitre.
Vostre Fille a paru. Sans le secours du sang,
Je ne l'ay pas jugée indigne de ce rang :
Et comme son credit n'a rien que j'apprehende,
Apprenez le sujet qui fait que je vous mande.
Le Prince Varanés qui porte icy ses pas,
M'étonne ; me surprend. Je ne le cele pas.
Je croy même entrevoir le secret de son ame.
Vous, parlez franchement : qu'en pensez-vous ?

LEONTIN.

                    Madame,
N'y prenant point de part qui puisse m'obliger....

PULCHERIE

Voicy ce que j'en crois ; vous en allez juger.
  Vous sçavez que la Perse, en grandeur souveraine,
A toujours égalé la puissance Romaine.
Trajan fut le premier de tous nos Empereurs,
Qui luy fit de la guerre éprouver les fureurs :
Et qui sur les débris de ses Villes fumantes,
Fit planter fierement nos Aigles triomphantes.
Mais un si grand bonheur eut un plus grand revers.
Un Cesar à son tour vaincu, chargé de fers,
Vangea cruellement tous les Rois de l'Asie,
Que Rome avoit reduits à cette ignominie.
Leur discorde depuis n'a de long-temps cessé.
La victoire douteuse a toujours balancé.
Mais lors qu'également au carnage animées,
L'une & l'autre puissance assembloient leurs Armées

TRAGEDIE.

Mille ennemis nouveaux, mille autres Nations
Tâchoient de profiter de leurs divisions.
On connut ce peril: une paix assurée,
Pour l'interest commun fut concluë, & jurée.
On en vit les effets. Ces nouveaux ennemis
Furent dans chaque Empire ou vaincus, ou soûmis:
Et jusqu'à Constantin qui voulut que Bisance,
De la superbe Rome égalât la puissance:
Quelques troubles legers en naissant appaisez,
N'ont pas tenu long-temps nos peuples divisez.
Mon ayeul Theodose en connut l'importance.
Toujours avec la Perse il fut d'intelligence.
Mon pere Arcadius fit encor plus que luy.
Il voulut des Persans nous assurer l'appuy:
Et choisir leur Monarque, à son heure derniere,
Pour estre le Tuteur de l'Empereur mon Frere.
Depuis cet heureux choix nos communs ennemis
Ont senty le pouvoir de nos peuples unis.
Tandis qu'Honorius, sans pouvoir la deffendre,
Voit piller l'Italie, & mettre Rome en cendre,
Que les Gots, que les Huns, les Vandales, les Francs
Prennent pour l'accabler des chemins differens,
Du cruël Genseric la Flotte épouvantable,
Menaçoit l'Orient d'une chute semblable;
Nous l'avons avec honte éloigné de nos bords,
Et contraint loin de nous de porter ses efforts.
La Perse a vû par là dissiper la tempeste,
Qui menaçoit aussi son orgueilleuse teste.
Elle voit comme nous, qu'un mutuel secours,
Seul d'un pareil torrent peut arrester le cours.
Et Varanés sans doute arrive dans Bisance,
Pour serrer de plus prés nostre étroitte alliance.
Mais ce n'est pas assez. Il est de seurs moyens
Qui pouroient pour jamais en former les liens.

ATHENAIS.

Et je croiray sans doute avoir quelque merite,
Si je puis réüssir dans ce que je medite.
   Vous connoissez mes sœurs : elles sortent d'un sang
A ne voir point de Trône au dessus de leur rang.
Et plûtôt que jamais leur fierté pût permettre
Qu'aux mains d'un Roy barbare on daigna les re-
    mettre,
Elles vont faire au Ciel des sermens solemnels,
De consacrer leurs jours au culte des Autels.
Moy-même, sans les soins où l'Empereur m'engage,
J'aurois par mon exemple affermy leur courage.
Mais enfin me voyant dans la place où je suis,
Je songe à leur grandeur autant que je le puis.
Je trouve en Varanés tout ce que je desire,
J'y vois leur interest, & celuy de l'Empire :
Et s'il faut un Epoux pour une de mes sœurs,
Je ne dois point songer à le chercher ailleurs.

LEONTIN.

Puisque vous m'honorés de vôtre confidence,
Il est de mon devoir de rompre le silence,
Madame ; & que du moins, par ma sincerité,
Je vous marque mon zele, & ma fidelité :
Ce projet, il est vray, n'a rien que d'heroïque,
J'y vois tant de grandeur, & tant de politique,
Qui d'un âge plus meur devroient être les fruits,
Qu'admirer & me taire est tout ce que je puis.
Les Princesses vos sœurs ont tous les avantages
Que donne la naissance à d'illustres courages.
Mais s'il faut sans détour m'expliquer sur ce point,
Où l'on voit Pulcherie on ne les connoît point ;
Et Varanés, Madame, a trop d'intelligence,
Pour n'en connoître pas l'extrême difference.
Nourry loin de la Cour, & dans la liberté,
Ma bouche ne sçait point farder la verité.

TRAGEDIE.

Et l'hymen qui joindroit son destin & le vôtre,
Seroit digne sans douté & de l'un & de l'autre.
Songez-y : cét avis n'est pas à dédaigner ;
Et quoique dans Bisance il soit beau de regner,
Qu'au Trône avec Cesar vous preniez vôtre place ;
Vous le diray-je ? un jour tout peut changer de face.
Un frere peut du Trône écarter une sœur :
Un Epoux seulement vous chasse de son cœur.
Mais soit que l'un des deux vous haïsse, ou vous aime,
Faites-vous un rempart d'un double diadême :
Et que malgré le sort à vous nuire obstiné,
Vôtre exil soit par tout un exil couronné.

PULCHERIE.

Je vous entends. Malgré vôtre vertu severe,
Peut-être cét hymen auroit dequoy vous plaire,
Puisqu'en quittant un rang qui fait tant de jaloux,
Je n'y pourrois laisser que vôtre fille, ou vous.
Mais du soin de l'Etat mon frere m'a chargée,
A conserver ses droits je me suis engagée :
Et sans porter ailleurs mes vœux ny mes regards,
Je veux vivre & mourir au Trône des Cesars.

LEONTIN.

Hé quel lâche interest aurois-je de prétendre
Que du Trône par là vous eussiez à descendre ?
Ma fille vous doit tout. Mon amour paternel
Formeroit-il en vain ce desir criminel ?
Et seroit-ce affermir sa fragile puissance,
Que d'éloigner en vous sa plus ferme esperance ?
Non, vos seuls interests me font ouvrir les yeux.
Hé quel sort parmy vous seroit plus glorieux,
Que de voir cét hymen sans peine, sans traverse,
Réünir sous vos loix l'Empire avec la Perse ?
L'Occident, dites-vous, sous le nombre accablé,

ATHENAIS,

Par cent peuples divers se trouve désolé :
Et ce torrent rapide inondant l'Italie,
Jusques dans l'Orient peut porter sa furie.
Pour vous mettre en état de ne rien redouter,
Par une forte digue il le faut arrêter.
On sçait que le Senat aussi sage que juste,
Sous l'aveu de Cesar, vous a nommée Auguste.
Ainsi l'heureux Epoux dont vous ferez le choix,
Peut ranger avec luy l'Empire sous ses loix.
Vôtre Oncle Honorius dont il suivroit la trace,
A l'Epoux de sa sœur a fait la même grace :
Et l'on les voit encor sur un Trône commun,
Montrer à l'Occident deux Maîtres au lieu d'un.
Aprés ce grand exemple, en faut-il davantage,
Madame ? à Varanés donnez vôtre suffrage ;
Et que ce choix illustre, & celebre à jamais,
Mette tous les mortels au rang de vos sujets.

PULCHERIE en se levant.

Enfin c'est vôtre avis, Leontin ; je veux croire
Qu'il part de vôtre zele, & ne tend qu'à ma gloire;
Et comme aucun amour n'aura part à mon choix ;
Si quelque jour l'hymen me range sous ses loix,
Qu'au seul bien de l'Etat je donne mon suffrage,
Auprés de Varanés achevez cét ouvrage.

LEONTIN.

Moy, Madame ! songez qu'étranger en ces lieux...

PULCHERIE.

Non, mon secret encor n'a paru qu'à vos yeux :
Et je veux que vous seul, touchant cét hymenée,
De ce Prince & de moy regliez la destinée.
L'Empereur va bien-tôt conduire icy ses pas.
A ses premiers regards ne vous exposez pas.
Nous aurions quelque lieu de rougir l'un & l'autre,
S'il croyoit que ma voix eût emprunté la vôtre.

TRAGEDIE.

Quand on l'aura laissé dans son appartement,
Revenez profiter de cét heureux moment.
Alors, sans que ma gloire y soit interessée,
Tâchez adroitement de sçavoir sa pensée :
Et selon ses desseins, je laisse à vôtre foy,
La liberté d'agir pour mes sœurs, ou pour moy.

SCENE III.

PULCHERIE.

JE forme un grand projet : mais ma gloire établie,
Quel qu'en soit le succés, ne peut être affoiblie :
Et pourveu que mon cœur ne se démente pas....

FLAVIE *rentrant*.

Madame, l'Empereur adresse icy ses pas.

SCENE IV.

THEODOSE, VARANE'S, PULCHERIE, MITRANE, PAULIN, FLAVIE, SATURNIN, Suite de l'Empereur.

THEODOSE.

MA sœur, qui l'auroit crû que de mon hymenée
Le Prince Varanés m'annonçât la journée :
Que sans estre avertie de cet excés d'honneur,
Il vint par sa presence achever mon bonheur :

ATHENAIS.

Et connoître à quel point, mon estime est sincere
Pour le fils d'un grand Roy qui me tient lieu de pere.

PULCHERIE à Varanés.

Oüy, Bisance, Seigneur, fidelle à son devoir,
Est d'autant plus sensible au plaisir de vous voir,
Que contre ses rivaux le bruit de vos merveilles
Avoit charmé son cœur, & frappé ses oreilles :
Et que de-vôtre bras les illustres essais,
L'avoient fait ressentir de vos heureux succés.
Vous verrez par son zele, & sa reconnoissance,
Combien elle cherit vôtre auguste alliance :
Et que pour l'affermir, il n'est rien parmy nous,
Où ne puisse aspirer un Heros tel que vous.

VARANE'S.

L'amitié de Cesar, & celle de l'Empire,
Sont les seuls biens, Madame, où Varanés aspire :
Et j'en serois indigne, autant que malheureux,
Si les ayant acquis, je formois d'autres vœux.

THEODOSE.

Seigneur, quelques efforts qu'on fasse pour vous
  plaire,
Un moment de repos vous est plus necessaire.
Tout est dans ce Palais soûmis à vôtre loy.
Vous étes dans Bisance Empereur comme moy.
Tandis qu'avec ma sœur, je cours en diligence
Où mille soins divers exigent ma presence,
Lorsque pour mon hymen je vais tout disposer,
Dans cet appartement daignez vous reposer :
Et quand tout sera prest, je reviendray moy-même
Vous prendre pour témoin de mon bonheur extrême,

SCENE

SCENE V.

VARANE'S, MITRANE.

VARANE'S.

JE puis donc te parler, Mitrane, & grace aux Dieux,
Varanés te retrouve en entrant dans ces lieux.
A peine pour sçavoir tout ce que je dois craindre,
Aux yeux de Theodose ay-je pû me contraindre:
Tandis qu'il me parloit, je ne voyois que toy.
Mais enfin, sans témoins, Mitrane, je te voy.
Toûjours du même feu mon ame est possedée:
Toûjours d'Athenaïs je conserve l'idée.
Qu'en as-tu découvert ? ne me déguise rien ?
Qu'as-tu vû ? que sçais-tu de son sort & du mien?

MITRANE.

Seigneur, en ce moment j'arrive dans Bisance,
Sans pouvoir vous flatter de la moindre esperance,
Mes soins pour la chercher ont esté superflus.

VARANE'S.

Quoy, Dieux ! injustes Dieux ! je ne la verray plus ?

MITRANE.

Non, Seigneur : dans Argos, dans Thebes, dans Micene,
J'ay fait pour la trouver une recherche vaine.
Sans en rien découvrir, j'ay vû l'Histme fameux
Que battent les deux Mers de leurs flots écumeux,
Avec le même fruit j'ay couru dans l'Elide.
Son nom est trop obscur pour me servir de guide.
Que vous diray-je ? aprés tous les pas que j'ay faits,
Desesperant pour vous de la revoir jamais:

C

ATHENAIS,

Sur l'ordre qu'en partant vous me fistes entendre,
Dans Bisance, Seigneur, je venois vous attendre,
Où d'un moment par vous je me vois devancé,
Differant de l'état où je vous ay laissé.

VARANES.

Que veux-tu ? las de suivre une route diverse,
Je rencontre en chemin l'Ambassadeur de Perse :
Il m'entraîne en ces lieux plein de mon desespoir,
Et j'y suis arrivé sans m'en apercevoir.
Cruelle, dans quels lieux vous estes-vous cachée?
De mes vives douleurs n'estes-vous point touchée ?
Depuis le jour fatal que vous m'avez laissé,
Mon crime par mes pleurs n'est-il point effacé ?
N'aurez-vous point pitié d'un Prince qui vous aime?
Je connois mon erreur : je ne suis plus le même.
Vous avez en fuyant, avec tout mon espoir,
Emporté tout l'orgueil que je pouvois avoir.
Ouy : si je vous ay fait une injure mortelle,
La peine que je souffre est cent fois plus cruelle.
Voilà de mon orgueil le déplorable fruit,
Mitrane, voy l'abîme où mon sort est reduit.
Ah pourquoy me parant d'une vertu forcée,
Au rang de mes Ayeux ne l'ay-je pas placée ?
Qu'un Prince est aveuglé, qui d'un frivole honneur,
S'éblouït aux dépens de son propre bonheur !
En me donnant un cœur si fier, & si terrible,
Pourquoy, Dieux inhumains, le fistes-vous sensible?
Ou pourquoy falloit-il qu'en me donnant le jour,
Vous fissiez mon orgueil plus fort que mon amour?

MITRANE.

Ah Seigneur ! moderez les plaintes que vous faites :
Tachez de dissiper le désordre où vous estes.
Dans ces lieux où peut-estre on vous fait observer,
O Ciel ! dans cet état falloit-il arriver?

TRAGEDIE.

VARANE'S.

Je suis dans un état à ne me plus contraindre,
Je n'ay d'autre douceur que celle de me plaindre.
Je perds par mon caprice un objet plein d'appas :
Je pouvois estre heureux, & je ne le suis pas.
Ce reproche toûjours revient à ma memoire :
Et je n'écoute plus la raison, ny la gloire.
Non, sans Athenaïs le jour m'est odieux :
Je ne sçaurois plus vivre éloigné de ses yeux.
S'empare qui voudra du Sceptre de mon Pere :
Aprés ce qu'il me coûte, il ne me sçauroit plaire:
Et sa possession n'a plus pour moy d'attraits,
Qui puissent reparer la perte que je fais.

MITRANE.

Dieux! qu'est-ce que j'entends ?

VARANE'S.

      Je veux chercher encore
L'ingrate qui me fuit ; l'ingrate que j'adore.
Fuyons de cette Cour où le bonheur d'autruy
M'est un nouveau surcroit de tristesse & d'ennuy.
Icy tous les objets m'embarassent, me troublent:
Au milieu des grandeurs mes chagrins se redoublent.
Ah fuyons.... Mais que vois-je ? en croiray-je
  mes yeux ?
Ne me trompay-je point ? Leontin en ces lieux !
Leontin !

SCENE VI.

VARANE'S, LEONTIN, MITRANE.

LEONTIN.

Ouy c'est luy qui s'offre à vôtre veuë.

VARANE'S.

Ah Ciel ! Athenaïs qu'est-elle devenuë ?

LEONTIN.

Vous jugez bien, Seigneur, qu'elle a suivi mes pas :
Mais si vous m'en croyez, vous ne la verrez pas.

VARANE'S.

Hé qui me contraindroit à cet effort extrême ?
Qui m'en empêcheroit ?

LEONTIN.

Vôtre gloire, vous-même.

VARANE'S.

Ma gloire !

LEONTIN.

Ouy, mon dessein n'est pas de vous flater,
Seigneur, pour vôtre gloire il la faut éviter.
Vôtre fortune ailleurs illustre, & sans seconde,
Ne peut moins aspirer qu'à l'Empire du monde ;
Mais sa veuë est pour vous un écueil dangereux,
Et vôtre injuste amour vous peut perdre tous deux.

VARANE'S.

Ah Leontin ! cessez de craindre ma presence :
Je ne viens point luy faire une nouvelle offence :
Mais plûtôt connoissant mon crime, & ses vertus,
Je viens pour l'élever au Trône de Cyrus.

TRAGEDIE.

Je ne suis plus aveugle ; & je luy rends justice :
Je veux qu'aux yeux de tous nôtre hymen s'accomplisse :
Je borne tous mes vœux au nom de son Epoux.

LEONTIN.
Non, Seigneur, cet aveu n'est pas digne de vous.
Un Prince est de son sort comptable à sa patrie,
S'il ne veut qu'à jamais sa gloire soit flétrie.
Vous connoissez l'Empire, & vous n'ignorez pas
Combien son alliance importe à vos Estats.
Ah ! par un beau projet, à vôtre ardeur guerriere
Ouvrez, sans plus attendre, une illustre carriere.
L'Empereur a des sœurs : & vous avez des yeux :
C'est là dequoy flatter un cœur ambitieux.
C'est là, Seigneur, c'est là que vous devez pretendre.

VARANES.
Ah cessez un discours que je ne puis entendre.
J'Adore Athenaïs ; charmé de ses appas,
Je ne sçaurois rien voir, quand je ne la vois pas.
De grace, à mon amour ne soyez plus contraire :
Souffrez que Varanés vous appelle son Pere.
Ne me refusez pas le bonheur que j'attends :
Aprés un tel aveu......

LEONTIN.
    Seigneur, il n'est plus temps,
Cet hymen autrefois honorant ma famille,
M'eut éblouy sans doute, en faveur de ma fille :
Mais son sort aujourd'huy ne dépend plus de moy ;
Portez en lieu plus haut vos vœux, & vôtre foy.
Songez ce que de vous attend vôtre patrie ;
Voyez ce qu'est l'Empire & ce qu'est Pulcherie :
Sa gloire, son pouvoir, ses rares qualitez,
Les honneurs que son rang peut sur vous......

C iij

ATHENAIS,
VARANE'S.

            Arreſtez.
Aprés m'eſtre abaiſſé juſques à la priere,
Vous ſçavez qui je ſuis. Craignez de me déplaire.
La ſeule Athenaïs peut m'impoſer des loix.
Et ſi vous m'en priviez une ſeconde fois.
Si vous oſiez encor l'éloigner de Biſance,
Je vous ferois ſentir l'effet de ma vangeance.
Au bout de l'Univers je vous irois chercher.
Et rien à ma fureur ne vous ſçauroit cacher.
LEONTIN.
A la Cour de Ceſar on n'a point ces allarmes,
Seigneur ; & ſi ſa veuë a pour vous tant de charmes,
Allez à Pulcherie adreſſer ce tranſport.
Elle ſeule eſt icy l'arbitre de ſon ſort.
Vous ſçavez le pouvoir qu'elle a dans cet Empire.
Je vous laiſſe y penſer, Seigneur, & me retire.

SCENE VII.

VARANE'S, MITRANE.

VARANE'S.

IL croit par ces diſcours rallentir mon ardeur.
Mitrane, ſuy ſes pas. Je cours vers l'Empereur,
Le prier qu'en faveur de ſon bonheur extrême,
Varanés, comme luy, poſſede ce qu'il aime.

Fin du ſecond Acte.

TRAGEDIE.

ACTE III.

SCENE PREMIERE.

THEODOSE, PAULIN.
Suite de l'Empereur.

THEODOSE

Eh bien ! pour ce moment si long-temps desiré,
Les soins de Pulcherie ont-ils tout preparé ?

PAULIN.

Ouy, Seigneur, & déja Bisance est toute preste
A voir d'un œil content cette pompeuse feste.
Jamais un Empereur si digne d'estre heureux,
De son Peuple empressé ne reçût tant de vœux ;
Et le Senat entier ne fit jamais paroistre
Plus d'applaudissement pour le choix de son Maistre.
Eudoxe, cependant, que je viens d'avertir,
Pour marcher sur vos pas se prepare à sortir.
J'ay vû confusément ses femmes autour d'elle,
Pour relever encor sa beauté naturelle,
Employant de leurs mains le zele industrieux,
Epuiser ce que l'art a de plus précieux.

ATHENAIS,

Elle, sans s'éblouïr, dans un âge si tendre,
Reçoit tous les honneurs qu'on s'empresse à luy rendre.
L'éclat, qui de son rang soûtient la majesté,
N'imprime sur son front aucune vanité :
Et de tous ces atours le pompeux assemblage,
Vaut moins que la pudeur qui brille en son visage.
Chacun pour l'admirer s'approchant de plus prés,
Remplit avidement le Temple, & le Palais.
L'Ambassadeur Persan, pour la ceremonie,
A déja pris sa place auprés de Pulcherie.
Et pour estre témoin d'un spectacle si doux,
Varanés à l'Autel veut marcher avec vous.

SCENE II.

THEODOSE, PAULIN, SATURNIN.

SATURNIN.

LE Prince Varanés, avec impatience,
Fait demander, Seigneur, un moment d'audiance.
THEODOSE.
Il peut entrer : & quoy qu'il vienne demander,
Je suis dans un état à luy tout accorder.
Ma Sœur m'a témoigné le dessein qui l'ameine.
Loin de le traverser j'y souscriray sans peine.
Prest d'épouser Eudoxe, & d'obtenir sa foy,
Je voudrois que chac'un fût heureux comme moy.
Est-il rien de pareil à la douceur extrême,
De pouvoir sur un Trône élever ce qu'on aime ?

TRAGEDIE.

Non, il ne fut jamais un destin plus heureux.
Je suis aussi content, que je suis amoureux.
Cette noble pudeur qui dans son port éclatte,
Sa grace, sa beauté n'est pas ce qui me flatte.
C'est un cœur dés l'enfance à la vertu formé.
Un cœur qu'aucun amour n'a jamais enflâmé,
Et que je crois devoir à sa reconnoissance,
Plus qu'à l'éclat pompeux de ma toute-puissance.
Par quel prix mon amour voudroit-il acheter....
Mais Varanés s'avance; il le faut écoûter.

SCENE III.

THEODOSE, VARANE'S, MITRANE, PAULIN, Suite de Theodose, Suite de Varanés.

VARANE'S.

SEigneur, si mon abord n'a point paru répondre
A toutes vos bontez qui devoient me confondre,
Je me trouve à present assez de liberté,
Pour venir partager vostre felicité.
Ouy ces lieux terminant ma tristesse mortelle,
Ont fait prendre à mon sort une face nouvelle;
Mon cœur long-temps en proye aux plus vives douleurs,
A trouvé prés de vous la fin de ses malheurs:
Et si vous l'approuvez, cette illustre journée
Ne s'achevera point par un seul hymenée.

ATHENAIS,

THEODOSE.

Vous me jettez, Seigneur, dans un raviſſement,
Qui va mettre le comble à mon contentement ;
Quand j'apprends que ces lieux ont un objet capable
D'arreſter dans ſes fers un Héros indomptable.
Ouy j'atteſte le Ciel, & vous donne ma foy,
Que ſi voſtre bonheur ne dépend que de moy,
Vous connoîtrez bien-toſt, à des marques certaines,
L'intereſt que je prends à la fin de vos peines.
Parlez donc ; & ſans crainte ouvrez-moy voſtre cœur.

VARANES.

Achevez voſtre hymen ; je parleray, Seigneur.
Il faut à voſtre aveu celuy de la Princeſſe.
C'eſt d'elle que dépend l'objet de ma tendreſſe.
Souffrez, ſans me preſſer avant la fin du jour,
Que pour me déclarer j'attende ſon retour.

THEODOSE.

Seigneur, ſans m'offenſer de cette preferance,
Je ne vous preſſe plus de rompre le ſilence.
Si pluſque moy, ma Sœur a part à vos ſecrets,
Je n'en prends pas moins qu'elle à tous vos intereſts,
Et toujours diſpoſé à ſervir voſtre flâme,
Vous luy pourez ouvrir le ſecret de voſtre ame.
Pour moy, j'attends icy cette jeune beauté,
Qui fait toute ma joye, & ma felicité.
Je croy qu'en la voyant vous avourez vous-même,
Qu'il n'eſt rien de pareil à mon bonheur extrême :
Qu'en élevant Eudoxe, au rang où je me voy,
Je fais encor bien moins pour elle, que pour moy ;
Et que dans quelque état où le Ciel la fit naiſtre....
J'entends du bruit. On ouvre : & je la voy paroiſtre.

TRAGEDIE.

SCENE IV.

THEODOSE, VARANE'S, EUDOXE, PAULIN, MITRANE, RHODOPE, CAMILLE, FLAVIE, Suite.

VARANE'S.

Dieux ! c'est Athenaïs, c'est elle que je vois !

EUDOXE

Rhodope !

THEODOSE.

Ouy, c'est l'objet dont mon cœur a fait choix.

VARANE'S.

Mitrane, qu'ay-je ouy ? rêvay-je ! ou si je veille !
Tantost le nom d'Eudoxe a frappé mon oreille.
Me serois-je abusé ? par quel évenement....

THEODOSE

Je ne suis point surpris de vostre étonnement.
Depuis que dans ces murs le destin favorable,
M'a laissé voir, Seigneur, cet objet adorable,
Ma Sœur à son hymen me voyant aspirer,
De ce nom plus illustre a voulu l'honnorer.
Mais vous sçaurez tantost toute sa destinée.
Madame, allons au Temple achever l'hymenée :
Pour en rendre les nœuds plus charmans & plus doux,
Le Prince Varanés qui paroît devant vous,
Se prepare à nous suivre, & veut par sa presence
En relever l'éclat, & la magnificence.

ATHENAIS,
VARANE'S.
Qui moy! je vous suivrois! vous voulez que mes yeux
Soient témoins d'un hymen... ah plûtost... justes
 Dieux,
Sous quel plus rude coup que celuy qui me tuë,
Pouviez-vous voir tomber ma constance abatuë?
THEODOSE.
Qu'entends-je! quels transports viennent vous agiter?
Quel trouble devant moy faites-vous éclater?
Quel desordre imprévû s'empare de vostre ame?
Vous changez de couleur; & vous aussi, Madame?
Ne puis-je estre éclaircy de tout ce que je voy?
VARANE'S.
Ouy, je vous l'avouray, je ne suis plus à moy.
Le trouble, les transports, que cet objet m'inspire...
Malheureux Varanés... Seigneur... je me retire.
Quand de mon sort affreux j'envisage l'horreur,
Je sens que ma raison fait place à ma fureur.

SCENE V.

THEODOSE, EUDOXE, PAULIN, RHODOPE, CAMILLE, FLAVIE,
Suite de l'Empereur.

THEODOSE.
ME serois-je flaté d'une esperance vaine?
Quel noir pressentiment m'épouvante, & me
 géne?
Que je sens dans mon cœur de mouvemens jaloux?
Madame, Varanés est donc connu de vous?
EUDOXE

TRAGEDIE.

EUDOXE.

Ouy, Seigneur.

THEODOSE.

Juste Ciel ! & dans quelle contrée,
A ses premiers regards vous estes-vous montrée ?

EUDOXE.

Dans Athenes, Seigneur, conduit chez Leontin,
Le hazard me l'offrit ; & non pas mon dessein.

THEODOSE.

Quel dessein dans vos murs avoit pû le conduire ?

EUDOXE.

Mon pere qui le sçait poura vous en instruire.

THEODOSE.

Poursuivez cependant ? il vous rendit des soins ?
Il vous aima sans doute ?

EUDOXE.

Il le feignit du moins.

THEODOSE.

Il vous le dit ?

EUDOXE.

Seigneur, il me le fit entendre.

THEODOSE.

A m'en faire un secret qu'aviez-vous à prétendre ?

EUDOXE.

J'y pris si peu de part, que jusques aujourd'huy
Mon cœur, en le fuyant ne songea plus à luy :
Et que de vos bontez ma memoire occupée,
Par de moindres objets n'a point esté frapée.

THEODOSE.

Qui put vous obliger à cesser de le voir ?

EUDOXE.

Mon pere eut ses raisons.

THEODOSE.

Ne les puis-je sçavoir ?

D

ATHENAIS,

EUDOXE.

Il voulut m'affranchir d'un Prince temeraire.
Ma fuite à ce deſſein luy ſembla neceſſaire.
Nous partons. Dans Biſance il adreſſe mes pas,
Et mon bonheur y vint de mes foibles appas.
J'y parus devant vous. D'une obſcure naiſſance,
Je me vis deſtinée à la toute-puiſſance :
Et ne meritant pas l'honneur que je reçoy....

THEODOSE.

C'eſt aſſez ; c'eſt aſſez, Madame, laiſſez-moy.
Un deſordre à mon tour qui dans mon cœur s'éleve,
Un moment ſans témoins demande que j'y réve.
Vous n'avez qu'à rentrer. Quand il en ſera temps,
On vous informera de ce que je prétends.

à Paulin.

Et vous, qu'on aille au Temple avertir Pulcherie,
Qu'elle ne preſſe rien pour la ceremonie :
Qu'elle peut revenir ; & ſans aucun éclat,
Renvoyer de ma part le Peuple, & le Senat.

SCENE VI.

THEODOSE.

O Ciel ! à quels ſoupçons mon ame s'abandonne ?
Je trouve en Varanés un Rival qui m'étonne.
Eudoxe me cachoit ce myſtere odieux.
L'embarras de ſon cœur a paru dans ſes yeux.
Et moy, qui l'adorois, ſeduit par tant de charmes,
De ſa fidelité je n'avois point d'allarmes.

TRAGEDIE.

Je croyois que son cœur esclave de sa foy,
Ne faisoit point de vœux qui ne fussent pour moy.
Je vivois satisfait de mon erreur extrême.
Ah qu'on est aisément trompé par ce qu'on aime.
Jaloux emportemens, amoureuses fureurs,
Theodose se livre à toutes vos horreurs.
Puisque ny mon amour, ny l'offre d'un Empire,
N'ont pû toucher un cœur pour qui le mien soûpire.
Infidelle beauté, que mes chastes ardeurs
Elevoient du néant au faîte des grandeurs,
Il n'est point dans l'exil de supplice trop rude,
Pour te punir assez de ton ingratitude.
Tu ne sçais pas encor jusqu'où va le couroux
D'un Empereur Amant, & d'un Amant jaloux.
Sans espoir, sans secours, errante, abandonnée,
Va traîner loin de moy ta vie infortunée.
Va faire sur ton sort des regrets superflus.
Je t'oubliray bien-tost : je ne te verray plus.
Je ne la verray plus ! ah ! par quelle injustice
Faut-il que sur moy seul tombe tout le supplice ?
Peut-estre elle n'attend que cet ordre fatal,
Pour aller se remettre au pouvoir d'un Rival.
Et qu'heureux aux dépens de ma flâme offensée...
Non, je ne puis souffrir cette affreuse pensée.
Je sçauray m'épargner un si cruel ennuy.
L'ingrate ne vivra ny pour moy, ny pour luy :
Et je veux que son sort, le reste de sa vie,
Fasse autant de pitié, qu'il auroit fait d'envie.

SCENE VII.

THEODOSE, PULCHERIE.

THEODOSE.

AH ! venez secourir un Prince infortuné,
Qu'aux maux les plus cruels vous trouvez condamné.
Je suis dans un état pire que la mort même,
Ma Sœur.

PULCHERIE.

Hé quoy! Seigneur, d'où vient ce trouble extrême?
Lorsque tout se dispose à remplir vos souhaits,
Pourquoy de vostre hymen suspendre les apprêts ?
D'un si prompt changement que dira tout l'Empire?
Vous ne répondez point : & vostre cœur soûpire.
Que peut-il vous manquer pour devenir heureux ?

THEODOSE.

L'auriez-vous cru, ma Sœur, on nous trompoit tous deux ?

PULCHERIE.

Comment ?

THEODOSE.

Cette beauté que par un choix insigne,
Des suprêmes grandeurs je ne crus pas indigne,
Cette Eudoxe en un mot que vous me fistes voir.

PULCHERIE.

Hé bien !

TRAGEDIE.
THEODOSE.
Est infidelle; & c'est mon desespoir.
PULCHERIE.
Infidelle !
THEODOSE.
Ah ma Sœur ! un autre a sçû luy plaire.
Je connois mon Rival: ce n'est plus un mystere.
PULCHERIE.
Hé quel est ce Rival ?
THEODOSE.
Varanés !
PULCHERIE.
Quoy, Seigneur,
Varanés, dites-vous ! Varanés !
THEODOSE.
Ouy, ma Sœur.
Tous deux pour me tromper étoient d'intelligence.
Ils s'étoient veus tous deux ailleurs que dans Bisance.
Ils ne venoient icy qu'afin de s'y chercher.
Mais aux yeux d'un Rival ils n'ont pû se cacher.
Que de projess trahis ! Sans cette perfidie
Je voulois à ce Prince accorder Pulcherie.
Croyant qu'il n'aspiroit qu'au nom de vostre époux,
J'aurois pû me resoudre à me priver de vous.
Et cependant, ma Sœur, vostre amitié trop tendre
A creusé cet abîme où je viens de descendre.
C'est vous seule, c'est vous dont l'aveugle projet
Offrit à mes regards cet infidelle objet.
Ah trop credule Sœur ! pourqvoy vous ay-je crue ?
Ingrate Athenaïs, pourquoy vous ay-je veuë ?

D iij

ATHENAIS,

Faut-il que de vos yeux le dangereux poison,
Se soit rendu plus fort que toute ma raison?

PULCHERIE.

Je ne m'en deffends point : ce que je viens d'entendre,
Autant que vous, Seigneur, a droit de me surprendre.
Je prends part au chagrin que vous en ressentez;
Mais la vertu paroist dans les difficultez :
Un malheur quelquefois nous conduit à la gloire :
Et jamais sans combat l'on n'obtient la victoire.
L'amour n'est qu'une erreur. Tâchez d'en triompher.
C'est un feu qu'un grand cœur doit sçavoir étoufer :
Et de tout son pouvoir la grandeur n'est fondée,
que sur nostre foiblesse, ou nostre propre idée.
　J'ay causé les malheurs qui vous font soûpirer,
Seigneur : & c'est à moy de vous en délivrer.
Puisque cette beauté dont mon ame abusée,
Crut trop legerement la vertu déguisée,
Est indigne du Trône où vous l'alliez placer,
Hé bien ! pour vostre gloire il y faut renoncer.
Ne vous informez plus quelle est sa destinée,
Qu'elle vive sans rang de même qu'elle est née.
Pour jamais de vos yeux je la veux exiler,
Et je vais...

THEODOSE.

　　　　Ah ma Sœur ! où voulez-vous aller ?
Je sçay quel est son crime, & voy sa perfidie.
Mais helas ! mon ardeur n'en est point refroidie.
Toute indigne qu'elle est des vœux d'un Empereur,
En cessant de la voir je mourrois de douleur.
　Pour ce Prince orgueilleux, qui jusques dans Bisance
Vient faire à Theodose une mortelle offense,

TRAGEDIE.

C'est à luy d'en partir: Avant la fin du jour,
Qu'il s'éloigne, ma Sœur, qu'il sorte de ma Cour.

PULCHERIE.

Luy, mon Frere!

THEODOSE.

Ouy, sa veuë excite ma colere
Je ne vous réponds pas de ce que je puis faire.
Qu'on luy porte mon ordre en ce même moment,
Et qu'à l'executer il songe promptement.

PULCHERIE.

Juste Ciel! je fremis d'entendre ce langage,
Songez dans quels perils ce dessein vous engage.
Dans vos propres Etats irez-vous l'outrager?
A quoy par cet affront voulez-vous l'obliger?
A rompre une alliance utile à la patrie,
Qui de nos ennemis arreste la furie.
Je ne veux point icy vous rappeller le cours
De ce que vous devez à l'autheur de ses jours.
Mais si d'un tel appuy vous privez cet Empire,
Voyez toute l'Europe armer pour le détruire.
Voyez un Alaric, & cent autres Tyrans,
De barbares vers nous envoyer des torrens:
Et par leurs cruautez, dans Bisance accablée,
Retracer les malheurs de Rome desolée.

THEODOSE.

Eudoxe est infidelle : & c'est assez pour moy.
Eudoxe m'a trahy, c'est tout ce que je voy.

PULCHERIE.

Mais Seigneur, n'est-ce point un soupçon qui l'offense
On se laisse aisément tromper par l'apparence.

ATHENAIS,

Peut-estre c'est à tort que vostre cœur se plaint.
Vn amant craint toûjours, & croit tout ce qu'il craint.
D'un mot, ou d'un regard qui n'a rien de coupable,
Il se fait quelquefois un monstre épouvantable.
Tout luy devient suspect: tout l'afflige, luy nuit;
Par tout la jalousie & l'agite, & le suit:
Et quand par ses fureurs l'ame est empoisonnée,
La plus rare vertu peut estre soupçonnée.
Mais il faut éclaircir ce mystere odieux :
Toûjours la verité se découvre à nos yeux.
Et la vertu, mon frere, en brille davantage,
Quand elle a dissipé ce funeste nuage.

THEODOSE.

Ah ! je tiendray de vous ma vie, & mon bonheur,
Si vous pouvez bien-tost me convaincre d'erreur.

PULCHERIE.

Hé bien ! de ce dessein laissez-moy la conduite.
Attendez sans éclat quelle en sera la suite.
Si sa vertu paroist, il faut la couronner :
Si l'on connoist son crime, il faut l'abandonner.
J'y cours : Mais cependant écartez ce nuage
Qui paroist dans vos yeux, & sur vostre visage,
Seigneur ; & contraignez vos sentimens jaloux.

THEODOSE.

Allez, ma sœur, allez ; je m'abandonne à vous.

Fin du troisiéme Acte.

ACTE IV.

SCENE PREMIERE.

PULCHERIE, FLAVIE, CAMILLE.

FLAVIE.

Oüy! j'ay porté voſtre ordre; & la Garde aſſemblée
Par vos ſoins vigilans eſt par tout redoublée.
Quoy qu'on oſe attenter, tout eſt en ſeureté.

SCENE II.

PULCHERIE, PAULIN, CAMILLE, FLAVIE, Suite.

PAULIN.

Ceſar d'aucun chagrin n'eſt plus inquiété:
Son eſprit ébranlé par voſtre témoignage,
Madame, en ce moment n'a plus le moindre ombrage.

ATHENAIS,

Leontin par voſtre ordre au Palais accouru,
A ſes yeux plus ſerains a promptement paru :
Et de la verité la force convainquante,
A ſçû rendre un plein calme à ſon ame flottante.
Je viens de le laiſſer dans ſa premiere paix,
Plus amoureux encor qu'il ne le fut jamais.
Le couroux d'un amant n'eſt pas long-temps à craindre :
Comme un moment l'allume, un autre ſçait l'éteindre.
Il veut qu'un nœud ſacré couronnant ſon amour,
Par nos ſoins redoublés, finiſſe ce grand jour.
Mais ne craignez-vous point Varanès en furie ?
Verra-t-il ſon amour impunément trahie?
Un amant qui perd tout, n'a rien à ménager :
Et peut-eſtre il voudra ſe perdre, & ſe vanger.

PULCHERIE.

Non, Paulin, ſur mes ſoins prenez plus d'aſſeurance :
J'ay prévû ce qu'il faut contre ſa violence.
Pour luy, je l'avouray, je formois un deſſein,
Que le bien de l'Eſtat avoit mis dans mon ſein.
Mais puiſque prevenu d'une ardeur inſenſée,
Je trouve enfin ſon cœur ſi loin de ma penſée,
Je n'entreprendray point de le tirer d'erreur :
Et n'ay plus d'intereſts que ceux de l'Empereur.

PAULIN.

Il vient.

TRAGEDIE.

SCENE III.

THEODOSE, PULCHERIE, PAULIN,
CAMILLE, FLAVIE, Suite.

THEODOSE.

Je vous cherchois avec impatience,
Pour vous marquer ma joye, & ma reconnoissance.
Eudoxe est de vertus un modelle accomply,
Et sans vous dans l'erreur j'estois ensevely.
D'un poison dangereux les effets redoutables
M'offroient de faux objets, au lieu des veritables.
Par vos sages conseils tant de fois éprouvez,
Mes jours dans le repos ont esté conservez :
Et me rendant l'objet dont mon ame est ravie,
Vous m'avez plus rendu que l'Empire, & la vie.
Mais comme en l'accusant j'ay blessé son honneur,
Je veux avec éclat reparer mon erreur :
Et par un prompt hymen qui luy rendra justice,
L'élever en triomphe, au rang d'Imperatrice.
Pour ce nœud solemnel que j'ay fait differer,
Ma sœur, encore un coup, allez tout preparer.
Ne faites plus languir ma flâme impatiente.
Le pire des tourmens est celuy de l'attente.
Allez, ma sœur, vous dis-je ; & dans cet heureux
    jour,
Faites que mon bonheur égale mon amour.

ATHENAIS,
PULCHERIE.

Seigneur, vous avez vû sur quel zele appuyée
A vous tirer d'erreur je me suis employée.
Je ne condamne point un amour vertueux :
Mais je veux que son cours soit moins impetueux :
Et que pour estre amant le devoir, ny la gloire
Ne soient pas tout-à-fait sortis de la mémoire.
Varanés est d'un rang à ne pas dédaigner :
Au lieu de l'irriter, tâchez de le gagner.
Quand il s'emporteroit à quelque violence,
Rendons-luy les honneurs qu'on doit à sa naissance :
Et faisons qu'en perdant son espoir le plus doux,
Il se plaigne du sort, sans se plaindre de nous.

THEODOSE.

C'est mon dessein, ma sœur, plût au Ciel que son ame
N'eut jamais eu que vous pour objet de sa flâme !
Avec combien de zele, & de ravissement,
Me serois-je empressé pour son contentement.

PULCHERIE.

Laissons dans le silence un projet inutile :
Tout n'est pas glorieux pour estre difficile.
Ne parlons plus, Seigneur, ny d'hymen, n'y d'Epoux ;
On s'en passe aisément pour vivre auprés de vous.
Mais c'est trop retarder l'effet de vostre joye,
Je cours en diligence où vostre ordre m'envoye.

THEODOSE.

Allez ; & pour haster des momens précieux,
Faites venir Eudoxe en sortant de ces lieux.

SCENE IV.

THEODOSE, PAULIN. Suite.

THEODOSE.

ENfin, dans un moment, cette beauté parfaite,
Aux caprices du sort ne sera plus sujette.
Rien ne peut me ravir la charmante douceur
D'estre de tant d'appas tranquille possesseur.
Que mon cœur, cher Paulin, s'abandonne à la joye.

SCENE V.

THEODOSE, VARANE'S, PAULIN.
Suite de Theodose.

VARANE'S *en entrant.*

NON, je n'écoute rien : il faut que je le voye.
Seigneur, je viens à vous interdit & confus :
Dans la rage où je suis, je ne me connois plus.
Je vous nierois en vain qu'Eudoxe a sçû me plaire.
Mon trouble en a trop dit ; je ne puis plus me taire.
Ouy, Seigneur, je l'adore avec tant de transport,
Que si vous l'épousez, vous me donnez la mort.
Mais vous devez songer qu'en ce malheur extrême,
On se croit tout permis, quand on perd ce qu'on aime.

E

ATHENAIS

Je suis dans vos Estats; ma vie est en vos mains:
Mais cet affreux spectacle est tout ce que je crains.
S'il s'acheve aujourd'huy, malheur à qui m'opprime:
Je n'en seray pas seul la fatale victime.
Et peut-estre en tombant sous mon sort rigoureux,
J'entraîneray quelqu'un qui pensoit estre heureux.

THEODOSE.

Quoy, Prince, vous croyez que par cette menace,
Au milieu de ma Cour l'on craigne vostre audace?
Si je ne consultois qu'un premier mouvement,
Je me ferois raison de cet emportement.
Mais vous tenez le jour d'un Roy que je revere:
Et dans le Fils encor je respecte le Pere.
En quoy donc mon amour vous peut-il outrager?
A ces vaines fureurs qui vous peut obliger?
Est-ce à vous d'empêcher que dans cette journée
Celle dont j'ay fait choix soit enfin couronnée?
Que dis-je? ce bonheur a dépendu de vous:
Vous n'aviez qu'à parler pour estre son Epoux.
Par d'injustes mépris vous l'avez outragée:
A quitter son pays vous l'avez obligée.
Et lorsque mon amour veut luy donner un rang
Que sa vertu merite au défaut de son sang,
Vous ne pouvez souffrir, par un nouveau caprice,
Que de vostre refus un autre s'enrichisse.

VARANES.

Non, Seigneur, j'ay pour elle un autre sentiment:
Mes yeux se sont ouverts sur mon égarement.
Quand de son sort au mien l'orgueil de ma naissance
Me feroit voir encor la premiere distance;
Quand mon amour encor n'auroit aucun dessein
De la placer au Trône en luy donnant la main;
Vostre exemple, Seigneur, justifiant ma flâme,
Pourroit à cet effort déterminer mon ame.

TRAGEDIE.

Je ne m'aveugle point jusques à me flatter,
Qu'en faveur d'un rival vous puissiez la quitter.
Animé par l'espoir où vôtre cœur se fonde,
Je la disputerois à tous les Roys du monde.
Insensé, furieux, j'ignore en mesme temps
Et ce que je vous dis, & ce que je pretends.
Mais pour un malheureux que vostre hymen accable,
Voyez de quel effort vous vous sentez capable.
Pour la premiere fois, dans ces extremitez,
Je ne veux recourir qu'à vos seules bontez.
Loin de garder encore un vain reste d'audace,
Un estat suppliant convient à ma disgrace.
Et c'est pour vostre haine un spectacle assez doux
De voir que Varanés fléchisse devant vous.

THEODOSE.

Je voy vostre infortune, & non vos injustices :
A vostre seul amour j'impute ces caprices.
Dans un temps plus heureux, de vos premiers discours
Theodose, peut-estre, auroit borné le cours.
Mais puisque la raison vous a fait reconnoistre
Qu'icy, quand je le veux, je puis parler en maistre,
L'estat où vous reduit un destin rigoureux,
Ne me fait voir en vous qu'un Prince malheureux;
Qu'un veritable amy dont je plains la disgrace,
Autant que d'un rival je crains peu la menace.
J'adore Athenaïs, & vous ne jugez pas
Qu'on puisse vous ceder de si charmans appas.
Mais comme je l'adore avec toute la flâme
Dont la seule vertu peut embraser une ame ;
Que je n'ay pas dessein d'assujetir sa foy,
Je vay faire un effort qui n'est permis qu'à moy :
Et dont de quelques traits que se pare l'histoire,
D'une preuve semblable on n'a point de memoire.

E ij

ATHENAIS.

Je veux, entre ses mains remettant tous mes droits,
Luy laisser entre nous la liberté du choix:
Et montrer que l'amour dont mon ame est atteinte,
Ne voudroit pas d'un bien qu'il auroit par contrainte.

VARANES.

O courage! ô bonté qui surpassent mes vœux!
Que ne puis-je imiter cet effort genereux!
J'avouë en rougissant, que j'en suis incapable;
Et que vous estes seul à vous-mesme semblable.
Quoy, Seigneur, se peut-il que pour mon interest.

THEODOSE.

Ouy, je veux de sa bouche entendre nostre Arrest.
Cette épreuve est utile & pour l'un, & pour l'autre,
Elle sert à la fois mon amour & le vostre.
Si son cœur aujourd'huy se declare pour vous,
Je le verray, Seigneur, sans en estre jaloux.
Je ne veux point d'un cœur dont un autre est le maître,
Et qui brûle d'un feu que je n'ay pas fait naître.
Je vous conduis au Temple où vous profitterez
Des superbes apprests que vous y trouverez:
Mais aussi si son cœur me demeure fidelle,
Ne troublez plus, de grace, une flâme si belle.
Aprés ce que j'ay fait pour vous rendre content,
Laissez-moy l'élever au Trône qui l'attend,
Et montrez qu'un Heros, dans un malheur extrême,
Est toûjours, quand il veut, le maistre de luy-même.

VARANES.

Ah Seigneur! falloit-il par des soins si pressans,
Joindre encore le remords aux peines que je sens;

TRAGEDIE.

SCENE VI.

THEODOSE, VARANE'S, EUDOXE, PAULIN, RHODOPE. Suite.

THEODOSE.

Madame, un grand bonheur n'est jamais sans traverse :
Le mien m'est disputé par le Prince de Perse.
Mais comme en vous donnant mon empire, & ma foy,
J'estime peu la main, si le cœur n'est à moy.
S'il falloit que la crainte, ou la reconnoissance
Vous fit en ma faveur la moindre violence,
Quoyque dût m'inspirer cet effort genereux,
Mesme en vous possedant je serois malheux.
Parlez donc ; & sur tout décidez par vous-mesme :
Regardez qui vous plaist, & non pas qui vous aime.
Faites vostre bonheur en nommant un Epoux,
Madame, & pour ce choix ne consultez que vous.

EUDOXE.

Quoy Seigneur, croyez-vous que mon choix....

THEODOSE.

Non, Madame ;
Je ne veux point gesner le secret de vostre ame.
Pour terminer ce choix que j'attends aujourd'huy,
Voyez ce Prince encor : Je vous laisse avec luy.
Quoy que vous me deviez, si son amour vous touche
Je jure d'observer l'Arrest de vostre bouche ;

Et de faire un effort, en dûssay-je expirer,
Pour voir vostre bonheur, & n'en pas murmurer.
Adieu.

SCENE VII.

VARANE'S, EUDOXE, RHODOPE,

VARANE'S.

DE quel espoir puis-je flatter ma peine ?
L'ordre de l'Empereur n'a-t-il rien qui vous gesne ?
Accablé de douleurs, de remords agitté,
Varanés, un moment sera-il écouté ?
EUDOXE.
N'en doutez point, Seigneur, l'Empereur le com-
 mande.
VARANE'S.
J'entends par cet accueil ce qu'il faut que j'entende,
Et que vous avez soin de me faire sçavoir,
Que je ne dois qu'à luy le plaisir de vous voir.
EUDOXE.
Avez-vous droit, Seigneur, d'esperer le contraire ?
J'obeïs : c'est pour vous tout ce que je puis faire.
Mais un cœur dont l'honneur regle les mouvemens,
Devoit-il abuser de ces commandemens.
VARANE'S.
Hé que ne fait-on pas quand on perd ce qu'on aime ?
Quel courage ne cede à ce malheur extrême ?

TRAGEDIE.

Le fort a-t'il des traits que fur mon trifte cœur,
N'ait lancé par vos mains fa barbare rigueur?
Depuis que me fuyant comme un monftre effroya-
  ble,
Je traîne dans la Grece un deftin déplorable,
Où ne m'ont point reduit vos longues cruautez?
Quels bords pour vous chercher n'ay-je pas vifitez?
Que n'avez-vous pû voir, dans quelle horreur mor-
  telle,
M'avoit enfevely voftre abfence cruelle?
Combien ay-je paffé dans les pleurs, les fanglots,
De jours defefperez, & de nuits fans repos?
Combien d'Athenaïs, mes plaintes redoublées,
Ont fait voler le nom aux rives reculées?
Je ne m'attendois pas qu'en entrant dans ces lieux,
Le fort dans cet Etat vous offrir à mes yeux,
Ny que d'un jour plus tard fa rigueur, & la voftre,
Nous eût mis hors d'état de vivre l'un pour l'autre.
Graces aux immortels, à propos arrivé,
Je puis rompre le coup qui m'eftoit refervé.
Pour vous, pour mon amour, je puis tout entrepren-
  dre,
Jufqu'au dernier foûpir je fçauray vous deffendre,
Et par là feulement, forcé de vous ceder,
Faire voir à quel prix l'on peut vous poffeder.

EUDOXE.

Quoy voftre ame, Seigneur, ne s'eft point contentée
De m'avoir dans la Grece affez perfecutée,
Jufques dans ces climats, vos funeftes amours
Viennent troubler encor le repos de mes jours!
Vous eftes-vous flatté qu'infidelle à ma gloire,
De vos feux criminels je perdrois la memoire?

ATHENAIS,

Ne vous souvient-il plus, en me parlant ainsi,
Que c'est Athenaïs que vous voyez icy ?
Elle qui pour braver vos esperances vaines,
Est telle dans ces murs qu'elle estoit dans Athenes,
Et qui n'ignore pas, pour sauver son honneur,
Comme on peut s'affranchir de son persecuteur.

VARANES.

Ah Madame ! songez-vous où vous m'allez reduire,
Si vous n'avez pitié des maux dont je soûpire.
Et si vostre bonté ne daigne m'accorder
Un pardon qu'à vos pieds j'ose vous demander.
Si mes feux autrefois vous firent quelque injure,
Si ma flâme d'abord ne fut pas assez pure,
Il n'est pas surprenant que dans un jeune cœur
Un peu d'orgueil surmonte une premiere ardeur :
Sur tout quand par la gloire, ou le rang qu'il possede
Il croit qu'à ses desirs il n'est rien qui ne cede.
Mais que par vos mépris, par vostre cruauté,
Vous m'avez bien puny de cette vanité !
Mon ame en vous perdant, dans la douleur plongée,
Mes regrets, mes remords vous ont assez vangée.
Ah ! sur vos interests arrestez vos regards.
Il est beau de monter au Trône des Cesars !
Mais avant de remplir cette place éclattante,
Voyez aussi le rang que ma main vous presente :
Rang que ma vanité ne croit pas inégal
A celuy qu'en ces lieux vous offre mon Rival.
Voyez que de sa Sœur l'adroite politique
Fonde sur vostre hymen son pouvoir tyrannique,
Et jalouse d'un rang qu'on pourroit luy ravir,
Ne veut vous couronner que pour vous asservir.
Vous trouverez en Perse une autre destinée,
Là, vostre authorité ne sera point bornée :

TRAGEDIE.

Et c'est là qu'adorant le pouvoir de vos yeux,
Mes peuples, comme moy, n'auront point d'autres
   Dieux.
   Ne me refusez pas cet aveu plein de charmes,
Par ces genoux qu'encor je baigne de mes larmes.
Et ne m'exposez point aux maux les plus affreux,
Dont on puisse accabler un Amant malheureux.

EUDOXE.

Seigneur, de quelques biens que ce discours me flâtte,
Eudoxe à l'Empereur ne sera point ingrate.
Je vous ferois rougir, avec trop de raison,
Si je vous meritois par une trahison :
Et faisois cette injure à la main secourable,
Qui releva mon sort errant, & miserable.
Dans Athenes, jadis, pour vous rendre content,
Si vous aviez voulu, j'en aurois fait autant.
Peut-estre qu'avec vous j'aurois trouvé des charmes,
Dont la perte en secret m'a fait verser des larmes :
Peut-estre en vous fuyant que ce cœur affligé,
Sans quelque trouble ailleurs ne s'est pas engagé.
Mais aprés que brûlant d'un feu que je déteste,
Vous m'ouvrites les yeux, par un aveu funeste,
Ne croyez pas, Seigneur, que ma facilité
Reprenne le bandeau que vous m'avez ôté.
Et quand avec le rang où vostre orgueil se fonde,
Vous joindriez encor tout l'Empire du monde ;
Qu'on verroit l'Empereur, par un autre revers,
Dépoüillé, fugitif, errant de mers, en mers ;
Je verrois vos grandeurs sans en estre touchée,
Tandis qu'à son destin je serois attachée :
Et que le mien, Seigneur, me paroistroit plus doux,
En fuyant avec luy, qu'en regnant avec vous.

ATHENAIS,
VARANE'S.

Hé bien ! à cet Arrest il faut que je souscrive.
Du jour pour vous complaire, il faut que je me prive
Mais puisqu'au desespoir l'on me fait recourir,
Je vangeray ma mort avant que de mourir :
Vos yeux seront témoins à quelle violence...

EUDOXE.

Vous estes éclaircy de tout ce que je pense :
Si vous m'aimez encor vous devez m'approuver.
Cesar m'attend au Temple, & je l'y vay trouver.
Adieu, Seigneur. Allons Rhodope.

SCENE VIII.

VARANE'S.

Non cruelle,
Vous ne trahirez pas un Amant si fidelle.
Au Temple vainement vous pensez m'éviter.
A vos yeux inhumains je cours m'y presenter
Tremblez pour ce Rival que mon bras...

TRAGEDIE

SCENE IX.

VARANES, MITRANE.

VARANES.

AH Mitrane!
Sçais-tu qu'Athenaïs à la mort me condamne?
Suy-moy. Vien, il est temps de servir ma fureur,
Il faut immoler......

MITRANE.
Qui!

VARANES.
Mon Rival.

MITRANE.
L'Empereur?

VARANES.
Quoy donc! entre ses bras je verrois ce que j'aime?
Sans le faire perir, sans me perdre moy-même.
Non, non, dans ma fureur je n'écoûte plus rien.
Il faut verser, te dis-je, & son sang, & le mien.

MITRANE.
Non, Seigneur, sans tenter cet effort inutile,
Bien-tost pour vous servir tout me sera facile.
L'Empereur qui d'Eudoxe attendoit le retour,
A remis à demain la pompe de ce jour.
Le Soleil qui s'enfuit, & la nuit qui s'avance,
Vont bien-tost dans ces murs répandre le silence.
A peine du sommeil chacun sera surpris,
Je vous livre l'objet dont vous estes épris.

ATHENAÏS,

VARANE'S.

Ciel!

MITRANE.
De tous nos Persans j'ay rassemblé l'élite,
Ceux de l'Ambassadeur, & ceux de vostre suite.
Avec un soin fidelle, & d'un œil curieux,
Nous avons eu le temps d'examiner ces lieux :
Et je sçay les chemins qui doivent nous conduire,
Où vostre Athenaïs.....

VARANE'S.
Ah que m'oses-tu dire!
Tu pouvois épargner un crime à ma vertu.
Et sans m'en avertir que ne le faisois-tu ?

MITRANE.
Quoy, Seigneur, se peut-il qu'à vous-même contraire,
Le zele qui m'anime ait dequoy vous déplaire ?
Qu'un remords inutile ait sur vous ce pouvoir.

VARANE'S.
O qu'un Prince a de peine à trahir son devoir ?
Qu'au point d'executer, les approches d'un crime,
Font de rudes combats dans un cœur magnanime ?

MITRANE.
Cependant que feray-je ? & dans quel embarras....

VARANE'S.
Je m'abandonne à toy. Fay ce que tu voudras.

Fin du quatriéme Acte.

ACTE

TRAGEDIE.

ACTE V.
SCENE PREMIERE.

VARANES seul.

OU s'adressent mes pas ? errant à l'avan‑
ture,
Je ne sçais où je vay dans cette nuit ob‑
scure ;
Mais le trouble mortel dont je suis
agité,
Est encor plus affreux que cette obscurité.
Quels attentats, ô Ciel ! quel projet temeraire !
Va produire aux mortels l'astre qui nous éclaire !
Varanés un perfide ! un ravisseur.... ah Dieux !
Suis-je né pour porter ces titres odieux ?
Dois-je nourir un feu que je devrois éteindre ?
Des bontez de Cesar ay-je lieu de me plaindre ?
N'a-t'il pas fait pour moy, sensible à mon en‑
nuy,
Ce que mon cœur jamais n'auroit tenté pour luy ?
Et qu'aprés cet effort qu'il a fait sur luy-même,
Par un enlevement j'obtienne ce qu'il aime !

E

Barbare, peux-tu voir avec tranquilité,
Qu'un autre te surmonte en generosité.
Malheureux ! & tu vis ! & ton ame abatuë
Ne voit point de remede au poison qui la tuë.
Et tu vis ! & ta gloire est preste à te quitter.
Tu vois le précipice, & tu cours t'y jetter.
 Ah ! ceux qui d'un beau sang ont la gloire de
 naistre,
Ne sont point criminels qu'on ne les force à l'estre.
Dés qu'ils ouvrent les yeux, ennemis du repos,
Ils sont faits pour marcher sur les pas des Heros ;
Dans leur cœur animé d'une audace si belle,
Le crime est étranger, la vertu naturelle :
Et quand on voit un Prince & perfide, & méchant,
Le malheur le rend tel plûtost que le penchant.
 Vains remords ! vains projets d'un Amant mi-
 serable !
Je ne vois rien, helas ! que le sort qui m'ac-
 cable,
Et l'amour dont toujours j'éprouve la rigueur,
Avec même ascendant tyrannise mon cœur.
Essayons toutefois de vaincre nôtre flâme.
Sors, tyrannique amour, sors enfin de mon ame.
Allons trouver Mitrane. Arrestons ses projets.
Courons.... Mais de quel bruit retentit ce Palais.
On vient. C'est l'Empereur. Que mon ame est
 émuë.

TRAGEDIE.

SCENE II.

THEODOSE, VARANE'S, SATURNIN, GARDES, dont une partie porte des flambeaux devant l'Empereur.

THEODOSE *en entrant.*

Quelle temerité! dans ma Cour! à ma veuë!
Qu'on poursuive en tous lieux ce lâche ravisseur.
Qu'on cherche Leontin. Qu'on appelle ma Sœur.
Quoy Prince, c'est ainsi qu'un Heros magnanime
Sçait disputer un cœur par le secours d'un crime :
Et que de mes bontez perdant le souvenir,
La nuit mieux que le jour vous pensez l'obtenir ?
Le Ciel m'a garanty de cette violence.
Je meritois sans doute une autre recompense :
Vous avez vû tantost combien mon amitié
M'a fait de vos ennuis ressentir la moitié,
Et je doy rendre grace à vostre ingratitude,
Qui vient de m'affranchir d'un supplice si rude.
Déja tous vos Persans éprouvent mon couroux,
Je pourois sans remords l'étendre jusqu'à vous :
Mais ce qu'icy le sort me donne d'avantage,
Ne veut pas que sur vous je vange cet outrage.
N'en parlons plus. Allez, sans attendre le jour,
J'oubliray tout. Fuyez, partez de cette Cour.

F ij

ATHENAIS

VARANE'S.

Moy fuïr ! Ne croyez pas qu'aprés mon infortune,
J'affure par ma fuite une vie importune.
Du coup qui me confond plus furpris, que troublé,
C'eſt ſans eſtre abatu que j'en ſuis accablé.
D'abord enviſageant voſtre hymen redoutable,
De toutes les fureurs je me ſentis capable.
Je ne le cele point : Je ne pus reſiſter
A l'appas enchanteur dont on vint me flatter.
L'Amour d'Athenaïs eut ſur moy tant d'empire,
Que mes ſens mutinez ne l'en purent dédire :
Mais quelque honte enfin qui ſuive le forfait,
Je ne me repens point de tout ce que j'ay fait :
Ou ſi quelque remords ſe joint à ma miſere,
C'eſt d'avoir trop long-temps balancé de le faire,
D'avoir trop écouté je ne ſçay quel effroy,
Et m'en eſtre remis ſur d'autres que ſur moy.

SCENE III.

THEODOSE, VARANE'S, PAULIN,
Suite de l'Empereur.

PAULIN. à *Theodoſe*.

SEigneur, vos ennemis ne ſont plus en deffenſe,
Leur Chef couvert de coups eſt en voſtre puiſſance,

TRAGEDIE.

Mais un autre rapport qui va vous affliger...

THEODOSE.

Quoy donc !

PAULIN.

Eudoxe....

THEODOSE.

Hé bien !

PAULIN.

On ne sçait qu'en juger.
Dans son apartement on ne l'a point trouvée.

VARANES.

Ah Dieux !

THEODOSE.

De quelle horreur.... vous l'avez enlevée.

VARANES.

Moy !

THEODOSE.

Vous. Ne cherchez plus d'inutiles raisons.
Ce que je viens de voir confirme mes soupçons.
D'une trame conduite avec tant d'insolence,
Vous n'avez eu, cruel, que trop de connoissance;
Vous ne sçavez que trop quel coupable sejour
Me cache en ce moment l'objet de mon amour :
Mais ne vous flattez pas qu'en niant vôtre crime,
La fuite vous dérobe au couroux qui m'anime.
Quoy que pour m'éblouïr vous ayez concerté,
Sa veuë est le seul prix de vôtre liberté.

F iij

VARANES.

Hé quel droit avez-vous de me parler en maistre,
En connoît-on au rang où le Ciel me fit naistre :
Que dis-je ? Sur quel titre osez-vous vous flatter,
Que sur ma liberté vous puissiez attenter.
Mais enfin il est temps que ce trouble finisse,
Ma gloire veut qu'icy ce trouble s'éclaircisse.

THEODOSE.

C'est bien à quoy sans doute il faut vous préparer.
Dans l'erreur plus long-temps je ne puis demeurer.
Eudoxe.....

SCENE IV.

THEODOSE, VARANES, LEONTIN, PAULIN, Suite de Theodose.

THEODOSE.

AH Leontin ; je suis inconsolable:
Vostre fille....

LEONTIN.

Je sçay le coup qui vous accable;
Mais calmez l'un & l'autre un aveugle couroux,

TRAGEDIE.

Ce deſſein n'eſt party ny de vous, ny de vous,
Seigneurs : la verité m'oblige à vous deffendre :
L'autheur m'en eſt connû, je viens pour vous l'ap-
 prendre.

VARANES.
Quel eſt-il ce perfide, & lâche raviſſeur ?
THEODOSE.
Nommez-le promptement : parlez.
LEONTIN.
       C'eſt moy, Seigneur,
Quoy ! j'aurois pû ſouffrir que de ſi foibles charmes
A deux Princes unis fiſſent prendre les armes :
Et que l'on reprochât à mon ambition
D'avoir ſemé par eux cette diviſion.
Je l'ay miſe en des mains dont la vertu ſolide
Se chargeant comme moy de luy ſervir de guide
Dans un lieu ſeparé du reſte des mortels.
Vient de la conſacrer au culte des autels.
C'eſt là que par des vœux que l'on ne peut enfrain-
 dre,
D'un pouvoir ſacrilege elle n'a rien à craindre.
C'eſt là que deſormais elle eſt en ſeureté
Contre la calomnie, & la temerité.

ATHENAIS,

SCENE V.

THEODOSE, VARANE'S, PULCHERIE, EUDOXE, LEONTIN, PAULIN, SATURNIN, RHODOPE, CAMILLE, FLAVIE, Suite.

PULCHERIE.

Seigneur, rassurez-vous; cessez d'en estre en peine;
La voicy qui fuyoit, & je vous la rameine.

LEONTIN.

Ah Madame! pourquoy rompez-vous mes projets;

THEODOSE.

Ma sœur, par quel bonheur vois-je encor ses attraits.

PULCHERIE.

J'ay sçû que cette nuit, par l'ordre de son Pere
Rhodope l'emmenoit dans un lieu solitaire,
Où sous d'austeres loix trop prompte à se ranger,
La severe équité n'eût pû l'en dégager.
J'ay mis à son passage une Garde fidelle,
Et pour vous informer du succés de mon zele,
Au moment que la fuite alloit vous en priver,
Més soins à vostre amour ont sçû la conserver.

LEONTIN.

O Ciel! c'est donc ainsi que ton bras redoutable
Renverse les desseins d'un Pere miserable!
Vaines précautions! qui ne font que haster
Les malheurs apparens que l'on croit éviter.

TRAGEDIE.

Madame, vous voulez que ma fille commande :
Hé bien ! à vos defirs il faut que je me rende.
A quoy que le deftin veüille la referver ;
Vous avez commencé : je vous laiffe achever.
Mais d'un fatal hymen dont je crains les aproches,
Je fçauray par ma fuite éviter les reproches.
Détourne, ô jufte Ciel ! les maux que je prévoy ;
Puiffe-tu ne lancer tes foudres que fur moy.

SCENE DERNIERE.

THEODOSE, PULCHERIE, VARANES, EUDOXE, RHODOPE, PAULIN, CAMILLE, FLAVIE, Suite.

EUDOXE à Theodofe.

PErmettez-moy, Seigneur, de marcher fur fes
   traces,
Et d'empêcher ainfi l'effet de fes menaces.
Souffrez que de ces lieux je puiffe enfin fortir.
THEODOSE
Non, belle Athenaïs, je n'y puis confentir.
Pourveu que mon hymen vous éleve à l'Empire,
Je crains peu les malheurs qu'on ofe me prédire.
à Varanés.
Seigneur, vous avez vû fi pour vous rendre heu-
   reux,
J'ay fans ceffe épargné ny mes foins, ny mes vœux :

SCENE V.

THEODOSE, VARANES, PULCHERIE,
EUDOXE, LEONTIN, PAULIN,
SATURNIN, RHODOPE,
CAMILLE, FLAVIE, Suite.

PULCHERIE.

Seigneur, raſſurez-vous; ceſſez d'en eſtre en peine:
La voicy qui fuyoit, & je vous la rameine.
LEONTIN.
Ah Madame! pourquoy rompez-vous mes projets?
THEODOSE.
Ma ſœur, par quel bonheur vois-je encor ſes attraits.
PULCHERIE.
J'ay ſçû que cette nuit, par l'ordre de ſon Pere
Rhodope l'emmenoit dans un lieu ſolitaire,
Où ſous d'auſteres loix trop prompte à ſe ranger,
La ſevere équité n'eût pû l'en dégager.
J'ay mis à ſon paſſage une Garde fidelle,
Et pour vous informer du ſuccés de mon zele,
Au moment que la fuite alloit vous en priver,
Més ſoins à voſtre amour ont ſçû la conſerver.
LEONTIN.
O Ciel! c'eſt donc ainſi que ton bras redoutable
Renverſe les deſſeins d'un Pere miſerable!
Vaines précautions! qui ne font que haſter
Les malheurs apparens que l'on croit éviter.

TRAGEDIE.

Madame, vous voulez que ma fille commande :
Hé bien ! à vos defirs il faut que je me rende.
A quoy que le deftin veüille la referver ;
Vous avez commencé : je vous laiffe achever.
Mais d'un fatal hymen dont je crains les aproches,
Je fçauray par ma fuite éviter les reproches.
Détourne, ô jufte Ciel ! les maux que je prévoy ;
Puiffe-tu ne lancer tes foudres que fur moy.

SCENE DERNIERE.

THEODOSE, PULCHERIE, VARANES, EUDOXE, RHODOPE, PAULIN, CAMILLE, FLAVIE, Suite.

EUDOXE à Theodofe.

PErmettez-moy, Seigneur, de marcher fur fes traces,
Et d'empêcher ainfi l'effet de fes menaces.
Souffrez que de ces lieux je puiffe enfin fortir.
THEODOSE
Non, belle Athenaïs, je n'y puis confentir.
Pourveu que mon hymen vous éleve à l'Empire,
Je crains peu les malheurs qu'on ofe me prédire.
à Varanés.
Seigneur, vous avez vû fi pour vous rendre heureux,
J'ay fans ceffe épargné ny mes foins, ny mes vœux :

Mais enfin j'ay l'aveu de celle que j'adore :
Pour vous en cet état, que puis-je faire encore?
Sur le point d'estre unis d'un éternel lien,
Dois-je vous immoler son bonheur & le mien ?
Consultez-en, Seigneur, vostre vertu suprême :
Et pour Juge entre nous je ne prends que vous-méme.

VARANE'S.

Ouy, Seigneur, couronnez de si charmans appas :
Les maux qu'on nous prédit ne vous regardent pas.
J'ay troublé trop long-temps une ardeur mutuelle,
Et si de mes transports la cause estoit moins belle,
Si pour un autre objet l'amour m'eût fait agir,
De mes égaremens j'aurois trop à rougir.
Mais, Seigneur, vostre exemple a deffillé ma veuë,
Tantost en ma faveur vostre ame s'est vaincuë,
Et je ne prétens plus, aprés cette bonté,
Estre vostre rival qu'en generosité.

THEODOSE.

Ah ! je vous reconnois à cet effort illustre,
Par qui vostre vertu reçoit un nouveau lustre.
Comment d'un tel bienfait pourray-je vous payer?

VARANE'S.

Attendez le succés pour m'en remercier :
Et quand je me resous à cet effort extrême,
Voilà comme un amant doit ceder ce qu'il aime.
Il se frappe avec son épée.

THEODOSE.

Qu'on cherche du secours....

TRAGEDIE

EUDOXE.
Ciel ! qu'est-ce que je voy?
VARANE'S.
Cesar, Athenaïs est maintenant à toy.
Qu'on m'emporte.
THEODOSE.
Ah courons, contre ce coup funeste
Ménager par nos soins tout l'espoir qui nous reste;
Et nous verrons aprés si calmant son couroux,
Le Ciel à nos desirs se montrera plus doux.

FIN.